Melanie Blechinger

Jugend überschreitet Grenzen

Konzepterstellung für die grenzüberschreitende Offene Jugendarbeit am Beispiel der Hochrheinregion

QUALITÄT UND QUALITÄTSSICHERUNG IN DER SOZIALEN ARBEIT

Herausgegeben von Rolf Ebeling

ISSN 1614-4759

1 *Rolf Ebeling*
Qualitätsdialoge in der Jugendhilfe Eckehardt
Professionalisierung und Ökonomisierung in der Sozialen Arbeit zur strukturierten Bewertung und Weiterentwicklung der „Güte" der sozialen Dienstleistung
ISBN 3-89821-199-1

2 *Rolf Ebeling*
Evaluationsforschung in der Jugendhilfe
Die Einbeziehung der Klientenperspektive als zentrale Ressource zur Weiterentwicklung des Qualitätsmanagements – die Meinung der Kunden zählt
ISBN 3-89821-302-1

3 *Nina Heimanns*
Entwicklung und Evaluation des Fragebogens „Tagesgruppenarbeit aus Elternsicht" des Qualitätsbeurteilungssystems für Hilfen zur Erziehung (QuBus-TG-E)
ISBN 3-89821-303-X

4 *Rolf Ebeling*
Moderne (Klein-) Gruppenpädagogik in Jugendwohngemeinschaften als erfolgreiche Alternative wirtschaftlicher Denkmodelle
ISBN 3-89821-321-8

5 *Carsten Mayer*
Der Familienentlastende Dienst –Zukunftsprojekt–
Qualitätsentwicklung und Qualitätssicherung
ISBN 3-89821-304-8

6 *Tobias Karpf*
Kundenorientierte Qualitätsentwicklung in der Heimerziehung
Eine Untersuchung von Indikatoren der Qualität stationärer Jugendhilfe als Voraussetzung eines erfolgreichen Qualitätsmanagements nach Zertifizierungsverfahren wie der DIN EN ISO 9000 ff
ISBN 3-89821-385-4

7 *Maike Burckhardt*
Entwicklung und Evaluation des Fragebogens „Erziehungsberatung aus Elternsicht" des Qualitätsbeurteilungssystems für Hilfen zur Erziehung (QuBus-EB-E)
ISBN 3-89821-412-5

8 *Melanie Blechinger*
Jugend überschreitet Grenzen
Konzepterstellung für die grenzüberschreitende Offene Jugendarbeit am Beispiel der Hochrheinregion
ISBN 3-89821-609-8

Melanie Blechinger

JUGEND ÜBERSCHREITET GRENZEN

Konzepterstellung für die grenzüberschreitende Offene Jugendarbeit am Beispiel der Hochrheinregion

ibidem-Verlag
Stuttgart

Bibliografische Information Der Deutschen Bibliothek

Die Deutsche Bibliothek verzeichnet diese Publikation in der Deutschen Nationalbibliografie; detaillierte bibliografische Daten sind im Internet über <http://dnb.ddb.de> abrufbar.

∞

Gedruckt auf alterungsbeständigem, säurefreien Papier
Printed on acid-free paper

ISSN: 1614-4759

ISBN: 3-89821-609-8

Printed in Germany

1 Vorwort

In meinen beiden Studienpraktika, die ich im Rahmen meines Studiums der Sozialen Arbeit absolvieren musste, war ich in der Offenen Jugendarbeit tätig. In beiden zog es mich in Richtung meiner Heimat an der Schweizer Grenze. Das erste Praktikum absolvierte ich beim Kinder- und Jugendreferat des Landratsamts Waldshut. Dort bekam ich die Möglichkeit, die Konzeption der Grenzüberschreitenden Offenen Jugendarbeit der Region Laufenburg, ein erstes grenzüberschreitendes Projekt (beschrieben in Kapitel 4.6.4 Grenzüberschreitende Projekte), mitzuentwickeln. Fasziniert von der Thematik und mit einem Blick auf den Arbeitsmarkt beschloss ich mein zweites Praktikum in der Schweiz zu durchlaufen. Dort landete ich eher per Zufall wieder in der Offenen Jugendarbeit, bei der Jugendarbeit der Stadt Baden. Peter Blumauer aus dem deutschen Kinder- und Jugendreferat hatte sofort Interesse alte Kontakte, die vor Jahren schon zwischen Waldshut und Baden bestanden, wieder aufleben zu lassen. Ich stellte den Kontakt her und in mehreren Treffen, in die noch ein Schweizer Jugendarbeiter, der zu dieser Zeit direkt an der Grenze in Zurzach (CH) tätig war, eingebunden wurde, wurde die „Erste Grenzüberschreitende Fachtagung Jugendarbeit am Hochrhein" organisiert. Als meine Diplomarbeit näher rückte, war mir klar, dass die grenzüberschreitende Zusammenarbeit in der Offenen Jugendarbeit am Hochrhein mein Thema sein würde.

Anfangs hatte ich große Pläne und wollte eine vollständige Konzeption erstellen. Bald merkte ich, dass dieses Vorhaben mehrere Studien füllen könnte.

Ich entschied mich, eine Grundlage für die Erstellung einer Grenzüberschreitenden Konzeption zu erarbeiten, die unter anderem einen Theorieteil, eine regionale Analyse der Rahmenbedingungen und Zielformulierungen mit Handlungsmöglichkeiten enthalten sollte. Im Aufbau der Arbeit lehne ich mich an die Konzeptentwicklung nach Deinet und Sturzenhecker an.

Da es zum Thema der grenzüberschreitenden Zusammenarbeit wenig Literatur gibt, bot sich mir die Presse- und Internet-Recherche an.

Es wird deutlich, dass ich diese Arbeit aus deutscher Perspektive schreibe, obwohl ich mich bemüht habe, beiden Ländern gleichviel Gewichtung zu verleihen. Trotzdem gelang es mir, mit dieser Arbeit ein **Grundlage für Prakti-**

kerInnen aus Deutschland und der Schweiz, seien dies JugendarbeiterInnen, Gemeinderäte oder Jugendliche, zu schaffen, die eine grenzüberschreitende Kooperation anstreben.

2 Einleitung

Die Hochrheinregion gilt auf deutscher und Schweizer Seite als strukturschwaches Gebiet, in dem „nichts los“ ist, man keine beruflichen Chancen hat und nicht gut einkaufen kann. Viele Jugendliche zieht es nach ihrem Schulabschluss in größere Städte, wo sie glauben, vielfältigere Perspektiven zu haben.

Dass der Hochrhein eine landschaftlich sehr attraktive Gegend ist und von vielen Touristen sehr geschätzt wird, lernen viele Einheimische erst zu schätzen, wenn sie eine Weile nicht an ihrem Heimatort waren.

Die Offene Jugendarbeit im Kreis Waldshut und in den Grenzgemeinden der Schweiz lässt zu wünschen übrig. Das Geld ist knapp und Jugendarbeit wird oft erst gar nicht eingerichtet.

In vielen Gemeinden, die keine eigene Jugendarbeit eingerichtet haben, gibt es jedoch den einen oder anderen Jugendraum in der Nähe. Und warum gehen die Jugendlichen da nicht hin? Weil er sich im Nachbarland befindet. Warum gehen die Jugendlichen nicht ins Nachbarland? Auf den ersten Blick schwer zu sagen, oder auch nicht. „Die sind anders, die sind blöd. Ich geh da nur mal einkaufen.“

Eine deutsche Kommune will einen Jugendarbeiter einstellen, aber hat nicht genug finanzielle Ressourcen. Die benachbarte Schweizer Gemeinde würde ihrer Jugend gern mehr bieten, aber auch hier scheitert es an den Finanzen. Warum tun sich die beiden Gemeinden nicht zusammen? „Das kann doch nicht gerecht sein. Die Deutschen wollen nur Geld aus der Schweiz. Wir haben doch so unterschiedliche Strukturen.“

Dass es doch geht, und wie eine grenzüberschreitende Kooperation ausgestaltet werden kann, werde ich in der vorliegenden Arbeit detailliert ausführen.

3 Theoretische Grundlagen

3.1 Konzepte, Konzeptionen, Konzeptentwicklung

3.1.1 Begriffsklärung

Die Begriffe **Konzept** und **Konzeption** stammen aus dem lateinischen: conceptus bedeutet auffassen, erfassen, begreifen, empfangen, sich vorstellen.[1]
Die Bedeutungen beider Begriffe sind sehr vielschichtig. Unter Konzepten/Konzeptionen versteht man im Sprachgebrauch beispielsweise strategische Überlegungen einer Einzelperson, die sich auf spezielle Situationen beziehen. Konzepte/Konzeptionen können konkrete Einzelvorschläge zu Einzelthemen , pragmatische Handlungsanweisungen sein oder auch nur als gedanklicher Entwurf im Kopf existieren. Andererseits werden unter Konzepten/Konzeptionen auch umfassende Gesamtprogramme von Organisationen verstanden. Oft wird ein gewisses Maß an theoretischer Fundierung und die Definition von zu erreichenden Zielen und Teilzielen voraus gesetzt. Im Gegensatz zum oben erwähnten gedanklichen Entwurf werden Konzepte/Konzeptionen auch als Hochglanzbroschüre gedruckt und für die PR einer Organisation verwendet. Vor allem im alltäglichem Sprachgebrauch benutzt man die Begriffe Konzept und Konzeption synonym.[2]
Auch im Lexikon fällt die Mehrdeutigkeit der Begriffe auf. Ein Konzept ist laut net-lexikon.de entweder „ein mentales Bild, das heißt, ein Begriff", „ein erster Entwurf, beispielsweise einer Rede" oder „einen Plan, ein Programm für ein Vorhaben,...".[3]
Ein wichtiger Aspekt von Konzepten ist, dass diese abstrakt sein sollen und Strategien, Methoden und Indikatoren enthalten sollen, die Ideen auf konkrete Situationen und Gegenstände anwendbar machen. Die dadurch erreichten Ergebnisse sollen bewertbar sein.
Des weiteren ist es wichtig, dass sich ein Konzept mit einer angebbaren Menge oder Klasse von Gegenständen beschäftigt, auf die es anwendbar ist. Das Konzept wird speziell für diese Menge erstellt.

---

[1] vgl. www.net-lexikon.de/Konzeption.html, Stand 19.9.2005
[2] vgl. Graf/Spengler, 2000, S.14
[3] Die Autoren verweisen hier beim „Plan" auf die Begriffserklärung der „Konzeption", die ich weiter unten im Text behandeln werde.

Die konzeptionellen Ideen müssen den AdressatenInnen verständlich vermittelt werden, damit diese sie anwenden können.[4]
Der Begriff Konzeption definiert sich neben der für mich hier irrelevanten medizinischen Bedeutung der Empfängnis wie folgt: Eine Konzeption ist „eine umfassende Zusammenstellung von Informationen und Begründungszusammenhängen für ein größeres Vorhaben oder umfangreiche Planungen." Eine Konzeption ist tiefergehend und detaillierter ausgearbeitet als ein Konzept. Betont wird die Wichtigkeit der regelmäßigen Überprüfung der Konzeption auf „ihre Relevanz und Aktualität".[5]
Während net-lexikon.de die Nähe zum Begriff Planung aufgreift, grenzen Graf und Spengler den „Plan" von den Begriffen „Konzept/Konzeption" explizit ab. Konzeptionen seien nicht wie Pläne für ein Vorhaben an einem festen Zeitpunkt oder für einen bestimmten Zeitrahmen erstellt, sondern übertragen eine IST-Situation in die Zukunft hinein. Sie bezeichnen außerdem keine konkreten Mittel und Wege zum Erreichen von Zielen, sondern stellen eher einen Handlungsrahmen dar. Deshalb bedarf es eines Plans zur Umsetzung eines Konzeptes/einer Konzeption.[6]
Für Deinet und Sturzenhecker jedoch beinhalten Konzepte auch die dazu gehörenden Planungen.[7]
Hiltrud von Spiegel unterscheidet die Begriffe Konzept und Konzeption wie folgt. Konzepte stellen einen Zusammenhang her zwischen „Zustandswissen", „wissenschaftlichem Erfahrungswissen zu dieser Situation", „Wertwissen" und „Verfahrenswissen". Sie bezeichnet Konzepte als „Entwürfe von Handlungsplänen, die einen hypothetischen Charakter" aufweisen. Konzepte gehen meist nicht auf die institutionellen und lokalen Rahmenbedingungen ein, sind also nicht auf eine Einrichtung zugeschnitten, sondern müssen für diese erst noch konkretisiert werden. Diesen Schritt schafft laut von Spiegel die „Konzeption". Hier werden zusätzlich „das institutionelle und politische Zustandswissen und das persönliche Erfahrungswissen der Fachkräfte", die die Konzeption in ihrer Einrichtung verwenden möchten, eingeflochten.[8]

---

[4] vgl. www.net-lexikon.de/Konzept.html, Stand 19.9.2005
[5] vgl. www.net-lexikon.de/Konzeption.html, Stand 19.9.2005
[6] vgl. Graf/Spengler, 2000, S.15
[7] vgl. Deinet/Sturzenhecker in Deinet Sturzenhecker, 1998, S.259
[8] vgl. von Spiegel, 2000, S.181f

Eine passende Arbeitsdefinition für mein Vorhaben fand ich bei Albert Scherr: er bezeichnet Konzepte als „Texte, die auf der Grundlage (a) einer umfassenden Analyse der konkreten Bedingungen und Voraussetzungen des pädagogischen Handelns und (b) einer darauf bezogenen Formulierung der jeweils angestrebten pädagogischen Zielsetzungen (c) operationalisierte Vorgehensweisen ausweisen, mit denen mit den verfügbaren Mitteln zu erreichende Teilziele realisiert werden sowie (d) Verfahren der Überprüfung des Erreichens von Teil- und Gesamtzielen festlegen."[9]

3.1.2 Funktionen von Konzepten

Zu professionellem pädagogischen Handeln gehört das Erstellen von Konzepten. Soll professionell gearbeitet werden, so gerät man wiederholt in den Zwang Entscheidungen zu treffen und diese Entscheidungen zu begründen. Hier entsteht folgendes Dilemma: pädagogisches Handeln soll durch theoretische Fundierung legitimiert werden, die Theorie darf aber nicht „Vorschrift für die Praxis" sein. Durch die Wissenschaft können Entscheidungen vorbereitet und Handlungen begründet werden, sie darf jedoch nicht die Überhand im pädagogischen Alltag erlangen. In Konzepten ist es möglich, die Theorie auf die Praxis zu beziehen, ohne dass Wissenschaft und Alltag ineinander aufgehen. Ein Konzept zeigt, welche theoretischen Begriffe wie genutzt werden können, um die Praxis zu verstehen und zu entwickeln. Wichtig dabei ist ein adäquates Gleichgewicht zwischen Praxis und Theorie. Ansonsten droht das Konzept zu abstrakt und ohne Bezug zur Praxis oder zu Alltagshandeln zu werden.[10] Es gilt, das hierarchische Verständnis von Theorie und Praxis zu überwinden. [11]Die Widersprüche zwischen Begründung und Entscheidungszwang sollen nicht durch Angleichung abgeschwächt werden. Sie sind Garant für Professionalität, da sie die Fortschreibung und Entwicklung des Konzepts nötig machen.[12]

Konzepte sollen eine ***Verbindung schaffen*** zwischen Träger-, Pädagogen-, Praxis- und Klienteninteressen. Trägerkonzepte müssen mit der Handlungskompetenz der Pädagogen, den institutionellen Bedingungen und den Be-

---

[9] s. Scherr in Deinet/Sturzenhecker, 1998, S.241
[10] vgl. Deinet/Sturzenhecker in Deinet/Sturzenhecker, 1998, S.258
[11] vgl. Scherr in Deinet/Sturzenhecker, 1998, S.247
[12] vgl. Deinet/Sturzenhecker in Deinet/Sturzenhecker, 1998, S.258

dürfnissen und Interessen der Adressaten verbunden werden. Von großer Wichtigkeit ist hierbei die Partizipation der Adressaten.[13] Sie sind als Ko-Produzenten des Produktes „Soziale Arbeit“ zu sehen und deshalb angemessen daran zu beteiligen.

Eine weitere wichtige Funktion ist die ***Vergewisserung*** über die Lebenswelt, in der sich die Adressaten bewegen, über institutionelle Bedingungen, die Geschichte und den IST-Zustand des zu behandelnden Gegenstandes. Diese IST-Analyse soll eine feste Basis für neue Ziele und Aktivitäten bieten.

Ein Konzept muss bestimmte ***Probleme und Aufgabenstellungen für sich abgrenzen***. Kein Konzept kann jedes Handlungserfordernis einer Adressatengruppe oder einer Region berücksichtigen. Es gilt, sich auf einige ausgewählte Aspekte zu konzentrieren. Dadurch wird ein Handlungsrahmen konstruiert, der eine detaillierte Planung möglich macht. Hier besteht die Gefahr, die Aufgaben zu einseitig oder fehlerhaft definiert zu haben. Dieses Risiko lässt sich jedoch durch eine regelmäßige Überprüfung des Konzeptes ausgleichen.

Konzepte sollen ***Orientierungshilfen*** sein. Es werden Werthaltungen – „so hätten wir es gerne“ - als Bezugspunkte zur Verfügung gestellt, die in Beziehung gesetzt werden zur Analyse des IST-Zustands und zur Definition des Handlungserfordernisses, woraus sich dann Ziele ableiten lassen. Diese Ziele ermöglichen später die Reflexion und sind die grundsätzliche Basis und Richtung für die konkrete Ausgestaltung von pädagogischen Settings und Methoden, durch die die Ziele erreicht werden sollen.[14]Diese Werthaltungen können den Mitarbeitern als Interpretations- und Entscheidungshilfe im Arbeitsalltag dienen.[15]

Weitere Funktion ist die ***Planung*** durch ein Konzept. Hier werden die entwickelten Ziele operationalisiert, das heißt sie werden in möglichst konkrete Handlungsmöglichkeiten umgesetzt. Des weiteren werden strukturelle Bedingungen festgelegt, die sich aus der Planung heraus als Notwendigkeit ergeben, wie Personal, Inhalte oder Finanzen. Es sollen möglichst kurz-, mittel-

---

[13] vgl. Deinet/Sturzenhecker in Deinet/Sturzenhecker, 1998, S.258

[14] vgl. Deinet/Sturzenhecker in Deinet/Sturzenhecker, 1998, S.258f

[15] vgl. Graf/Spengler, 2000, S.35

und langfristige Ziele und die dazu benötigten Schritte definiert werden.[16] Die Zielformulierungen sollen explizit und überprüfbar sein.[17]

Ein Konzept soll ***konkrete Anleitung*** sein. Es werden typische pädagogische Handlungsformen und Methoden bestimmt, die zum Erreichen der Ziele förderlich sein können. Dabei soll kein „Kochrezept" entstehen, sondern eine Art Richtlinie, an die sich das pädagogische Personal anlehnen kann. Eine möglichst deutliche Bestimmung der Handlungsformen macht eine Reflexion möglich.

Durch Reflexion erhält man „Rückmeldung über Erfolg und Misserfolg"[18]. Es müssen bestimmte Erfolgskriterien bereit gestellt werden, die ein Controlling möglich machen.[19] An ihnen muss sich die Praxis messen lassen. Diese Evaluation kann zum Ergebnis kommen, dass die Mitarbeiter sich besser an das Konzept halten müssen oder das Konzept besser an die Bedingungen angepasst werden muss.

Folglich kann ein Konzept nicht statisch sein und unterliegt einem Entwicklungsprozess. Es muss Wege der Selbstreflexion beinhalten, die die Praxis und das Konzept hinterfragen und verändern können.[20] Dabei hat es eine ***Gleichgewichtsfunktion***, die gewährleisten soll, nicht in Routine zu erstarren aber auch nicht jeden neuen Trend aufzugreifen und alle Ziele und Handlungsformen umzuwerfen.[21]

Eine wichtige Funktion eines Konzeptes nach innen wie nach außen ist die ***Legitimationsfunktion***. Sie begründet pädagogisches Handeln und instutionelle Settings gegenüber Trägern, Öffentlichkeit, Politik, Finanziers, aber auch intern.[22]

Die „Vermittlung des Sinns und Zwecks der Einrichtung in der Öffentlichkeit"[23] kann ihr Fortbestehen sichern, nach innen sichert es eine gewisse Kultur miteinander und mit Adressaten umzugehen und sie lässt die Mitarbeiter sich mit der Einrichtung identifizieren.[24]

---

[16] vgl. Deinet/Sturzenhecker in Deinet/Sturzenhecker, 1998, S.259
[17] vgl. Scherr in Deinet/Sturzenhecker, 1998, S.247
[18] s. Wöhrle in Deinet/Sturzenhecker, 2001, S.118
[19] vgl. Graf/Spengler, 2000, S.35
[20] vgl. Deinet/Sturzenhecker in Deinet/Sturzenhecker, 1998, S.259
[21] vgl. Graf/Spengler, 2000, S.35
[22] vgl. Deinet/Sturzenhecker in Deinet/Sturzenhecker, 1998, S.260
[23] s. Wöhrle in Deinet/Sturzenhecker, 2001, S.118
[24] vgl. Graf/Spengler, 2000, S.33

Oben schon angesprochen werden in Konzepten Aufgaben und Probleme bestimmt, die zu bearbeiten sind. Diese Eingrenzung bedarf zumeist der Begründung, warum gerade die einen Probleme angegangen werden, die anderen jedoch außen vor gelassen werden. Ähnlich verhält es sich mit (nicht) verwendeten Methoden. Dieser Prozess der Begründungsfindung kann wichtige Hinweise zur Selbstreflexion und zu einer möglichen Veränderung der Praxis liefern. Die Mitarbeiter können heraus finden, warum sie gerade diese Methoden bevorzugen und andere ablehnen, was ein erster Schritt zum Aufnehmen neuer Methoden ins Handlungsrepertoire sein kann.

Zu guter Letzt gehe ich auf die Funktion der ***Qualifikation*** ein. Wer seine eigene Arbeit begrifflich erklären, seinen Standpunkt bestimmen und eine Entwicklungslinie entwickeln kann, ist auf einem guten Weg zu einem Veränderungsprozess. Wenn alle Unklarheiten des Handelns geklärt sind, können Krisen bestimmt und angegangen werden, man kann unwirksames Handeln unterlassen und sich auf Veränderungen einlassen.[25]

[25] vgl. Deinet/Sturzenhecker in Deinet/Sturzenhecker, 1998, S.260

3.1.3 Der Prozess der Konzeptentwicklung

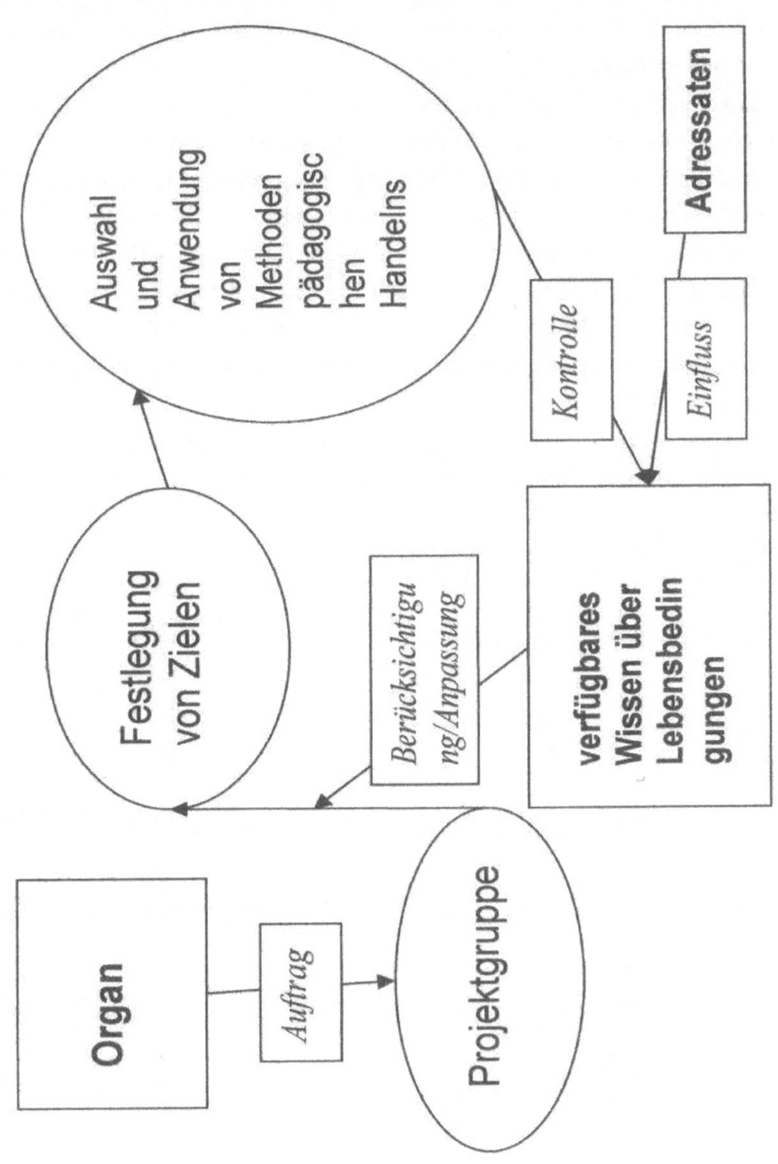

Am Beginn eines Konzeptes steht in der Regel der *Auftrag*, ein solches zu entwickeln durch ein zuständiges Organ. Günstig ist die Bildung einer Projektgruppe, die durch eine repräsentative Zusammensetzung (alle Mitarbeiterebenen, verschiedene Arbeitsbereiche, Frauen und Männer) möglichst viele Blickwinkel in den Prozess einbringen kann. [26]

Das Konzept entsteht aus der Festlegung bestimmter Zielsetzungen unter Berücksichtigung des verfügbaren Wissens über gegeben Lebensbedingungen, Lebensentwürfe, Bedürfnisse und Interessen der Adressaten. Daraus muss über Methoden pädagogischen Handelns und der Feld- und Biographieforschung entschieden werden.[27] Daraus ergibt sich, dass Konzeptentwicklung kein linearer Prozess ist, sondern ein „offenes Verfahren mit ständigen Rückkoppelungen zwischen verschiedenen Schritten und Wiederholung der Gesamtabfolge".[28]

Dieser Prozess wird im folgenden Schema verdeutlicht. Ich orientierete mich bei der Erstellung des Schaubild an einem Arbeitsschema von Hiltrud von Spiegel.

[26] vgl. Graf/Spengler, 2000, S.65
[27] vgl. Scherr in Deinet/Sturzenhecker, 1998, S.248
[28] vgl. Graf/Spengler, 2000, S.60

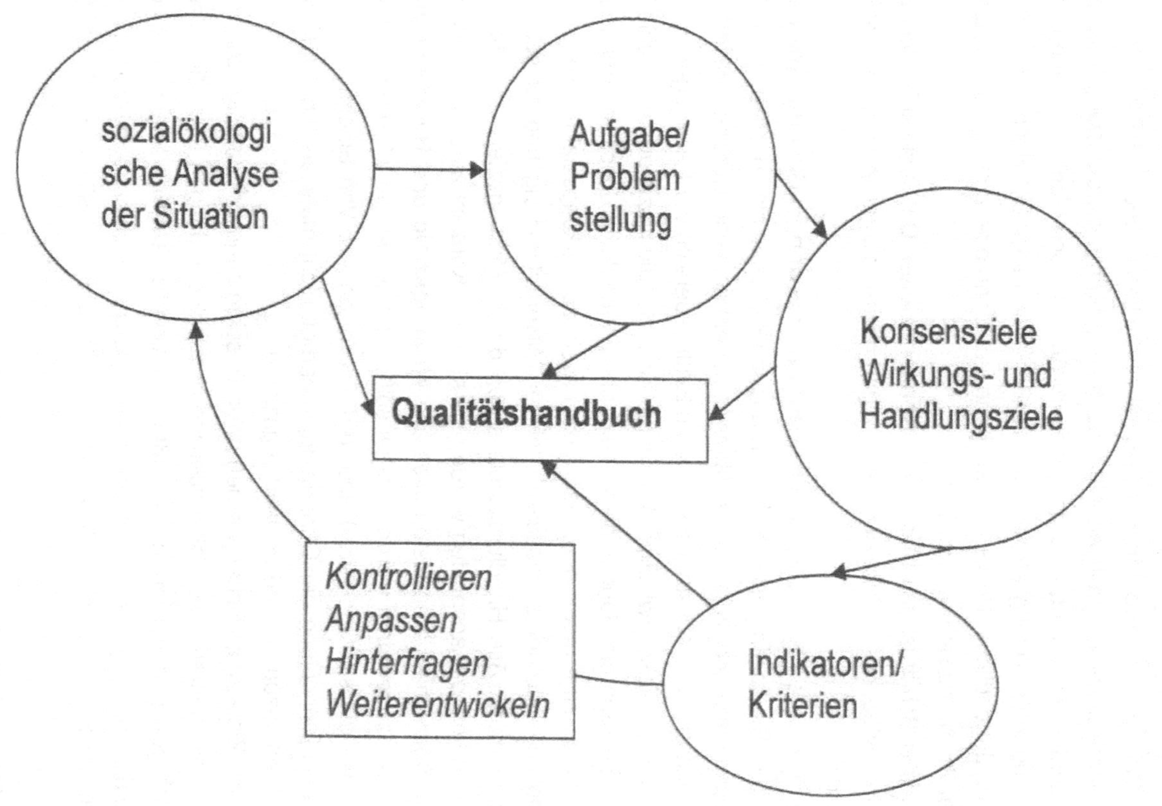
sozialökologi
sche Analyse
der Situation
Aufgabe/
Problem
stellung
Konsensziele
Wirkungs- und
Handlungsziele
Qualitätshandbuch
Kontrollieren
Anpassen
Hinterfragen
Weiterentwickeln
Indikatoren/
Kriterien

Durch eine **„sozialökologische Analyse der Situation“**[29] werden Realitäten, Chancen und Probleme der eigenen Arbeit aufgedeckt. IST-Zustand und Probleme müssen analysiert werden. Dazu gehört auch, die **Zielgruppe** des Konzeptes fest zu legen, sofern dies im Auftrag noch nicht geschehen ist.[30] Die Bedarfsermittlung erfolgt über die Befragung aller Beteiligten, wie Mitarbeiter, Jugendliche, Politik. Daraus kann sich dann eine erste grobe **Aufgabe oder Problemstellung** ergeben.[31]

Nächster Schritt ist das **Bilden von Konsenszielen**. Durch sie sollen auf Basis der Situationsanalyse die Erwartungen der Beteiligten zusammen geführt werden.

Die Ziele sollen im nächsten Schritt **auf ihre Verwendbarkeit hin überprüft** werden. Sie sollen positiv formuliert und konkret sein, sie sollen auch für Außenstehende und nicht nur für Pädagogen verständliche sein, sie sollen fachlich und ethisch vertretbar sein und im Einflussbereich der Pädagogen liegen. Wichtig ist, dass zwischen Wirkungs- und Handlungszielen unterschieden wird. So kann ein Handlungsziel sein, den Jugendlichen positive Gruppenerfahrungen zu ermöglichen. Das dazu passende Wirkungsziel ist die Befähigung Jugendlicher zu gesellschaftlicher Mitverantwortung und zu sozialem Engagement. Alle Handlungsziele sollen durch Wirkungsziele gerechtfertigt werden können, ansonsten werden sie nicht ins Konzept aufgenommen. Auf einer überschaubaren Liste sollen alle **Wirkungsziele und Handlungsziele** einander zugeordnet werden. Dabei soll es einige wenige Wirkungsziele geben, auf die sich mehrere Handlungsziele beziehen. Von Spiegel empfiehlt für eine Einrichtung der Offenen Jugendarbeit nicht mehr als fünf Wirkungs- mit ihren dazugehörenden Handlungszielen.

Um die Ziele zu erreichen werden „Weg-Beschreibungen“[32]benötigt. Es sollen „konkrete operationale Konsequenzen aus Entscheidungen über Zielsetzungen“[33] gezogen werden, dass heißt es werden **Indikatoren** angelegt, an denen die PädagogInnen erkennen können, dass sie sich auf dem Weg in Richtung der konzeptionellen Ziele befinden. So können Indikatoren für positive

[29] s. Scherr in Deinet/Sturzenhecker, 2001, S.204
[30] vgl. Deinet/Sturzenhecker in Deinet/Sturzenhecker, 1998, S.261
[31] vgl. Deinet/Sturzenhecker in Deinet/Sturzenhecker, 1998, S.262
[32] s. Graf/Spengler, 2000, S.60
[33] s. Scherr in Deinet/Sturzenhecker, 2001, S.206

Gruppenerfahrungen von Jugendlichen sein, dass unter diesen eine vertraute Gruppe entstanden ist, die sich bei Problemen untereinander hilft und versucht Konflikte gemeinsam zu lösen. Diese Operationalisierung soll auf der prozessbezogenen, auf der strukturbezogenen und auf der ergebnisbezogenen Ebene erfolgen.

Von Spiegel rät zur Entwicklung von **Kriterien**, die grober formuliert sind, als Indikatoren, jedoch die geplante Richtung anzeigen. Diese Kriterien sollen speziell für die einzelnen Handlungsfelder (zum Beispiel Zielgruppe, Umfeld, Andere Soziale Dienste) erstellt werden. Das Entwickeln solcher Indikatoren bzw. Kriterien dient der Vorbereitung einer Konzeptevaluation.

Anhand dieser Kriterien soll nun die Organisation der Maßnahmen hinterfragt werden. Dieses Hinterfragen soll nach dem Schreiben des ersten Konzeptes regelmäßig wiederholt werden, um zu evaluieren, ob das Konzept in der gegebenen Form noch seine Berechtigung hat, oder ob es bereits veraltet ist.

Das Konzept wird schließlich in eine für jeden lesbare und nachvollziehbare Form gebracht. Die Situations-Analyse aus dem ersten Schritt soll in eine Art **Qualitätshandbuch** eingeordnet werden. Dieses soll als Konzept für den internen Gebrauch dienen, das neben des erstellten Konzeptes auch die gesammelten Hintergrundinformationen enthält.[34]

Regelmäßige **Konzeptevaluation** ist wichtiger Bestandteil des Prozesses der Konzeptentwicklung. Nur durch das Abprüfen der Aktualität und der Relevanz des Konzeptes an Hand der entwickelten Indikatoren bzw. Kriterien macht die Konzeptentwicklung einen Sinn. Ein Konzept muss ständig an neue Gegebenheiten angepasst und fortgeschrieben werden. Es gilt nie als abgeschlossen und unterliegt einem ständigen Entwicklungsprozess. Dabei muss im Konzept dargelegt werden, in welchen zeitlichen Abständen evaluiert werden soll, wie viel Zeit und Personal dafür investiert wird, welche Methoden dafür angewendet werden sollen und welche Beteiligten im Sinne der Partizipation miteinbezogen werden.[35] Die Analyse-Schritte des Prozesses der Konzeptentwicklung werden hier praktisch umgedreht.[36]

Deinet und Sturzenhecker ergänzen das Arbeitschema durch zwei Punkte: in einem **theoretischen Teil** muss geklärt werden, in welchem theoreti-

[34] vgl. von Spiegel, 2000, S.32-52
[35] vgl. Deinet/Sturzenhecker in Deinet/Sturzenhecker, 1998, S.263
[36] vgl. Deinet, 1999, S.199

schen Rahmen sich die Konzeption bewegt. Dazu gehören beispielsweise Begriffsklärungen, eine Positionierung in der aktuellen Debatte zum Thema. Die weiteren Teile des Konzeptes sollen in Bezug zum theoretischen Teil stehen. Des weiteren muss die **Wertorientierung** des Konzeptes und der Entwickelnden dargelegt werden. Die auf Basis bestimmter Werte getroffenen Entscheidungen werden so für alle Beteiligten nachvollziehbar und transparent. Einen letzten Punkt stellen die **Grenzen** dar. Es soll geklärt werden, was das Konzept leisten kann und was nicht. Die Übertragbarkeit auf andere Situationen kann dargelegt werden. Ein Konzept kann Lösungsmöglichkeiten für bestimmte Teilbereiche anbieten. Dies sollte für den Leser der Konzeption klar erkennbar sein, um Enttäuschungen zu vermeiden.[37]

Ich möchte mich auf keine spezielle Einrichtung der Offenen Jugendarbeit beziehen. Da mir kein Team zur Konzeptentwicklung zur Verfügung steht und ich zeitlich eingeschränkt bin, werde

ich kein Konzept und auch keine Konzeption erstellen. Bei meinen Überlegungen handelt es sich um Teilschritte in Richtung eines Konzeptes, die als Grundlage für die Entwicklung eines solchen dienen können.

3.2 Offene Jugendarbeit

3.2.1 In Deutschland

Standortbestimmmung „Offene Jugendarbeit"

Aus der Schwierigkeit heraus, präzise Definitionen für den Begriff der „Offenen Jugendarbeit" zu finden, trage ich hier einige Erklärungsversuche zusammen.

Kinder- und Jugendarbeit soll Kindern und Jugendlichen die Möglichkeit bieten, neben Familie, Schule und Berufsausbildung, Erfahrungen in der gleichaltrigen Gruppe zu machen, sich an Organisationen und Projekten zu beteiligen oder in speziellen Bedürfnis- und Problemlagen unterstützt zu werden. Sie basiert auf der Freiwilligkeit von Kindern und Jugendlichen, ist bedürfnis- und subjektorientiert.[38]Die „Offene Jugendarbeit" soll sich durch ihre Offenheit gegenüber den alltäglichen Lebensbedingungen junger Menschen, gegen-

[37] vgl. Deinet/Sturzenhecker in Deinet/Sturzenhecker, 1998, S.263
[38] vgl. Schefold in Deutscher Verein, 2002, S.508f

über den Bedingungen ihres Umfeldes und seinen Hindernissen auszeichnen. Münchmeier bezeichnet diese Offenheit als „Sensibilität für die Gegenwart“. JugendarbeiterInnen müssen ihr Handeln an die Welt der Jugendlichen anpassen und ihnen Themen und Aktivitäten, die auch aus deren Sicht für sie relevant sind, anbieten.[39] Stefan Böhm spricht von der Jugendarbeit als Kompensationsversuch für das Unvermögen der Gesellschaft, die Jugend zu integrieren. Die Jugendarbeit bietet den Jugendlichen einen Freiraum an, in dem sie selbst entscheiden können, ob sie partizipieren und sich intergrieren wollen oder nicht, ohne den Zwang, ihre natürliche Abgrenzung zur Erwachsenenwelt aufzugeben.[40]

Der Begriff der „Offenen Jugendarbeit“ taucht im §11(2) KJHG neben den Angeboten für Mitglieder von Verbänden und gemeinwesenorientierten Angeboten auf. Seine Bedeutung jedoch wird nicht näher bestimmt. Die Zielgruppen der „Offenen Jugendarbeit“ sind vielfältig und überschneiden sich. Dazu gehören unter anderem „nichtorganisierte Jugendliche“, „Kinder und Jugendliche“, „Mädchen und Jungen“.

Auch die Inhalte der „Offenen Jugendarbeit“ können sie nicht weiter spezifizieren. Sportliche Aktivitäten, Spiele und die Integration der Gesellschaft finden sich im Verband, wie im Jugendhaus wieder. Ebenso taugen Institutionen und Träger nicht zu einer Abgrenzung des Begriffes.[41]

„Offene Jugendarbeit“ findet oft statt oder hat ihren Ausgangspunkt in „Jugendfreizeitstätten“. Schäfer nennt als Zielsetzungen solcher Einrichtungen die Freizeitgestaltung, politische, soziale und kulturelle Bildung, Beratung und Hilfe in problematischen Lebenslagen der Jugendlichen. Die Angebote richten sich grundsätzlich an alle Kinder und Jugendlichen eines Stadtteils oder einer Gemeinde.[42]

---

[39] vgl. Münchmeier in Deinet/Sturzenhecker, 1998, S.20f
[40] vgl. Böhm in Deutsche Jugend, 2004, H.4, S.171
[41] vgl. Deinet/Sturzenhecker in Deinet/Sturzenhecker, 1998, S.10f.
[42] vgl. Schäfer in Deutscher Verein, 2002, S.514f.

Geschichte der Offenen Jugendarbeit

Ab dem 19. Jahrhundert begann man, die Jugendphase als eigenständige Lebensphase des Menschen zu betrachten. Damals wurden die ersten Jugendverbände gegründet, es entstand die bürgerlich-autonome Jugendbewegung und die staatliche Jugendpflege. Die Jugendpflege wurde als nationale Aufgabe deklariert, die die Jugend vor „Schmutz und Schund, vor Verwahrlosung und vor dem adoleszenten Vagabundieren, vor dem exzessiven verweilen in Kaffeehäusern..., vor dem Alkohol und dem Fußballspiel ... bewahren“ soll. Diese Aufgabe wurde von Ehrenamtlichen wahrgenommen. Bei der Suche nach JugendpflegerInnen wurden alle Berufsstände, aber vor allem LehrerInnen angesprochen, da damals schon klar war, dass die Arbeit mit teilweise „schwierigen“ Jugendlichen fachliche Qualifikation erforderte. 1902 wurde der erste Kurs für ehrenamtliche JugendpflegerInnen durchgeführt. Die Ehrenamtlichkeit und die Wichtigkeit von Fortbildungskursen wurde im Jugendpflegeerlass vom 18. Januar 1911 und dem ergänzenden Erlass vom 30. April 1913 mit ihrem „patriotisch-nationalen Grundtenor“ noch einmal betont.

Es wurden erste Stimmen laut, dass die Jugendpflege von den Ehrenamtlichen allein nicht zu leisten sei. Es sollten haupt- oder nebenberuflich Angestellte her, so wie es bei konfessionellen Jugendvereinigungen teilweise schon praktiziert wurde. Initiativen führten Ausbildungen für den Bereich der Sozialen Arbeit ein, aus denen staatlich anerkannte JugendleiterInnen hervor gingen. Schon damals wurden LehrerInnen für die Jugendarbeit vom Schuldienst freigestellt.

Die Erlasse zur Jugendpflege vom 17. Dezember 1918 und vom 22. November 1919 setzten neue Akzente und schwächten die militärisch-patriotischen ideologischen Floskeln ab. An bewährten Methoden wurde festgehalten. 1924 folgte dann das Reichsjugendwohlfahrtsgesetz.

Sozial- und jugendpolitische Gremien drängten weiter auf eine Verberuflichung der Jugendpflege und die Anstellung hauptamtlicher JugendpflegerInnen wurde gefordert. Trotz der ökonomischen Krise expandierte das Netz der KreisjugendpflegerInnen in der Weimarer Republik zusehends.

Das Bewußtsein eines neuen Arbeitsfeldes der Jugendpflege war zwar gegeben, jedoch blieb die Entwicklung einer einheitlichen Ausbildung noch offen.

Lediglich die kurzzeitpädagogischen Fort- und Weiterbildungsmöglichkeiten wurden auf einen Nenner gebracht.
Da die Mitarbeiter der Jugendpflege zwar Erfahrungen, Lehrgänge, Fort- und Weiterbildungen vorweisen konnten, aber nicht an der Jugendforschung der 20er Jahre Teil hatten, standen sie in der Kritik der administrativen, der politischen und der pädagogischen Seite.
Während des Nationalsozialismus wurden alle Jugendverbände aufgelöst, die autonome bürgerliche Jugendbewegung in die „Hitler-Jugend" integriert, die staatliche Jugendpflege wurde zur „staatlichen Jugenderziehung außerhalb der Schule" und die Bezirksjugendpflegerstellen wurden zu hauptberuflich durch NS-Aktivisten besetzten „Dezernate(n) für Jugendpflege und körperliche Erziehung an den Regierungen". Ziel war es alle Kinder und Jugendlichen zu „tüchtigen verantwortungsbewußten Nationalsozialisten" zu machen. Ein großer Teil der Jugendpflege wurde von Ehrenamtlichen übernommen, die an Schulungen für „Führer" teilnahmen.
Nach 1945 lebten die Erfahrungen der Weimarer Republik wieder auf, die Jugendarbeit zwischen 1933 und 1945 wurde entpolitisiert weiter geführt und die internationale Jugendarbeit wurde entdeckt.
In Westdeutschland trugen die Amerikaner durch ihr „German Youth Activity Program" einiges zur „reeducation" und damit zur Demokratisierung der Jugend in Deutschland bei. Ein strukturelles Netzwerk auf Orts-, Kreis- und Bezirksebene, dem zu dieser Zeit die fachliche Qualifikation noch weitgehend fehlte, baute sich auf. Es wurden hauptamtliche JugendpflegerInnen eingesetzt und die „außerschulische Pädagogik", die später „Offene Jugendarbeit" genannt wurde, profilierte sich. Anfangs hatten die JugendpflegerInnen keine Möglichkeit zur Ausbildung. In den 50er Jahren fanden zunehmend Personen mit einer pädagogischen Grundausbildung, wie KindergärtnerInnen, HeimerzieherInnen, WohlfahrtspflegerInnen und Diakone ihren Platz in der „Offenen Jugendarbeit". Diskussionen um die ungeklärte Ausbildungssituation führten dazu, dass 1962 die Ausbildungsstätten für WohlfahrtspflegerInnen, FürsorgerInnen und VolkspflegerInnen in Höhere Fachschulen für Sozialarbeit, 1967 die JugendleiterInnenseminare zu Höhere Fachschulen für Sozialpädagogik umgewandelt wurden.
Jedoch war bis Ende der 60er Jahre kein einheitliches Professionalisierungsprofil auszumachen. Erst mit der Einführung der Erziehungswissenschaften

an den Universitäten und der Etablierung von Fachhochschulen für Sozialarbeit und Sozialpädagogik, konnten fachlich qualifizierte Mitarbeiter Einzug in die "Offene Jugendarbeit" halten.[43]

Rechtliche Grundlagen

Die Offene Jugendarbeit zählt zu den vom Kinder- und Jugendhilfegesetz vorgeschriebenen Leistungen mit dem Ziel, „jungen Menschen...die zur Förderung ihrer Entwicklung erforderlichen Angebote der Jugendarbeit zur Verfügung zu stellen..."[44]. Angeboten wird die Offene Jugendarbeit laut Gesetz von „Verbänden, Gruppen und Initiativen der Jugend, von anderen Trägern der Jugendarbeit und den Trägern der öffentlichen Jugendhilfe." Schwerpunkte sind außerschulische Jugendbildung, Spiel, Sport und Geselligkeit, arbeitswelt-, schul- und familienbezogene Jugendarbeit, internationale Jugendarbeit, Kinder- und Jugenderholung und Jugendberatung.[45] Im Gesetz wird von jungen Menschen gesprochen, was Kinder und Jugendliche, junge Erwachsene aber auch „in angemessenem Umfang" Personen, die das 27. Lebensjahr vollendet haben, meint.[46] In §74 KJHG ist festgelegt, dass die öffentlichen Träger der Jugendhilfe die freiwilligen Träger fördern sollen.[47] Über die Art und Höhe der Förderung kann der Träger jedoch dem Haushalt angemessen selbst entscheiden.[48] Die Förderung soll laut §74 (6) KJHG auch der Errichtung von Jugendfreizeitstätten dienen. Somit ist die Förderung der Offene Jugendarbeit eine Pflichtaufgabe des Jugendamtes. Die öffentliche Jugendhilfe soll von eigenen Maßnahmen absehen, so weit die Aufgaben der Offenen Jugendarbeit von einem freien Träger ausreichend wahrgenommen werden.[49]

Konzeptionelle Grundmuster in der „Offenen Jugendarbeit"

Im Folgenden gebe ich einen exemplarischen Überblick über die einige aktuelle Ausrichtungen der „Offenen Jugendarbeit".

---

[43] vgl. Thole in Deinet/Sturzenhecker, 1998, S.400-409
[44] s. §11 (1) S.1 KJHG
[45] vgl. §11 (3) KJHG
[46] vgl. §11 (4) KJHG
[47] vgl. §74 (1) KJHG
[48] vgl. §74 (3) KJHG
[49] vgl. §4 (2) KJHG

Im Sinne der **Geschlechtsspezifischen Arbeit** entstand zuerst die **Mädchenarbeit**, als Tochter der Frauenbewegung. Ihre Legitimation fand sie in der Ungleichbehandlung von Mann und Frau. Frauen und Mädchen sollten durch die Bereitstellung eines größeren Maßes an Ressourcen gefördert werden. Die Mädchenarbeit basiert auf drei verschiedenen theoretischen Ansätzen: **„Die andere Stimme"** nach Carol Gillian will abkommen von der Idealisierung typisch männlicher Werte, wie Macht und Konkurrenz und der weiblichen Stimme in der Gesellschaft mehr Gehör verschaffen. Das italienische **„Affidamento"** sieht die Beziehungen von Frauen untereinander als Grundlage der „Weiblichen Freiheit" an. Die Amerikanerin Judith Butler betrachtet die **„Zweigeschlechtlichkeit als kulturelle Konstruktion"**, die nicht auf sex (biologisches Geschlecht), sondern auf gender (soziokulturelles Geschlecht) basiert.
All diese Ansätze schlagen sich in der Praxis der geschlechstspezifischen Arbeit nieder. Die Offene Jugendarbeit will Mädchen und Jungen Leitbilder bieten, da sie beide unter gesellschaftlichem Druck stehen und Orientierung brauchen. Wichtige Themen der Jugendphase sind Körperlichkeit und Sexualität. Hier gehen die Meinungen auseinander, ob den Jugendlichen diese Themen im geschützten Raum der geschlechtshomogenen Gruppe oder doch in der koedukativen Version der Gruppe bearbeitet werden sollte. Seitdem die Gewalt gegen Frauen in unserer Gesellschaft mehr und mehr an die Öffentlichkeit tritt, werden mit Mädchen auch Themen, wie die sexuelle Selbstbestimmung bearbeitet. PädagogInnen können im Ernstfall als Vertrauensperson fungieren. Das Bewusstsein, dass auch Jungen von (sexueller) Gewalt betroffen sein können, schlägt sich in der geschlechtsspezifischen Arbeit noch wenig nieder. Die Jungenarbeit wurde primär von der Mädchenarbeit gefordert, um die Mädchen zu schützen und bestimmte männliche Rituale aufzubrechen. Mädchenarbeit kann ohne ihr Gegenstück der Jungenarbeit nicht funktionieren. Mehr und mehr baut sich das Bewusstsein auf, dass auch männliche Jugendlichen einer speziellen Förderung brauchen, die sie im Alltag der Offenen Jugendarbeit nicht bekommen können. Seit 1991 wird die geschlechtsspezifische Arbeit im KJHG erwähnt.[50]

---

[50] vgl. Naundorf in Deinet/Sturzenhecker, 1998, S.166-173

Auf die Tatsache, dass mit der traditionellen Gruppenarbeit nicht mehr als 40% der Jugendlichen erreicht werden können, antwortet die Offene Jugendarbeit mit dem **Cliquenorientierten Ansatz**. Dieser richtet den Focus auf die informelle Gruppe, der die meisten Jugendlichen angehören, die Clique, soziologisch auch peer-
group genannt. Durch Cliquen schaffen sich Jugendliche einen Raum, in dem sie sich selbst organisieren und ihren Alltag gestalten können. Die Cliquen sollen nicht als vorrangig problembeladene Jugendgruppen, sondern als eigene Sozialisationsform der Jugendlichen betrachtet werden. Das heißt für die Offene Jugendarbeit, dass sie überall dort stattfindet, wo sich Jugendliche in ihrer Freizeit aufhalten, aber nicht überall sein muss, wo Jugendliche sind. Des weiteren hat die Offene Jugendarbeit hier nicht nur pädagogische, sondern auch organisatorische Funktion. Nach langer Kritik, hat sich heute die **Akzeptierende cliquenorientierte Jugendarbeit** , die sich nicht vor bestimmten Cliquen (zum Beispiel rechte Cliquen, gewaltbereiten Jugendlichen) verschließt, relativ gut etablieren können.[51]

Die **Bedürfnisorientierte Jugendarbeit** orientiert sich an der sozialpädagogischen Maxime des Ansetzens an den Bedürfnissen des Klienten. Die Interessen der Jugendlichen sollen durch sozialwissenschaftliche Analysen abgeleitet und den Jugendlichen bewusst gemacht werden. Dabei sollen die Bedürfnisse der JugendarbeiterInnen nicht ausgeschlossen werden. Ein Zusammenspiel aus Bedürfnissen der Jugendlichen, der MitarbeiterInnen, des Trägers und anderer Beteiligter ergibt eine fruchtbare ganzheitliche Jugendarbeit, die größtmögliche Zufriedenheit bei Klienten und Professionellen herstellen soll.[52]

Die **Subjektorientierte Offene Jugendarbeit** versucht den gemeinsamen Kern der vielen verschiedenen Ansätze auszuweisen. Primäres Ziel soll sein, die Jugendlichen zur Selbstbestimmung zu befähigen, was durch die Erschließung der jugendlichen Bedürfnisse und ein hohes Maß an Partizipation erfolgen soll. Die „schlummernden" Fähigkeiten der Jugendlichen sollen entfaltet werden und die Offene Jugendarbeit gewährleistet politische Einmi-

[51] vgl. Krafeld in Deinet/Sturzenhecker, 1998, S.180-188
[52] vgl. Damm in Deinet/Sturzenhecker, 1998, S.221-233

schung in Bereichen, in denen die Jugendlichen an ihrer Selbstbestimmung gehindert werden.[53]

Zwei weitere Ansätze, die **Interkulturelle** und die **Sozialräumliche Jugendarbeit**, werde ich auf Grund ihrer Relevanz für mein Thema in den folgenden Kapiteln intensiver beleuchten.

Probleme

Die Finanzen auf Bundes-, Landes-, Kreis- und kommunaler Ebene sind knapp. Die Offene Jugendarbeit in Deutschland ist eine Soll-Leistung. Die Höhe der Förderung soll dem Haushalt des Trägers angepasst sein. Wo Geld fehlt, kann folglich auch keine Offene Jugendarbeit gefördert werden. Durch vielfältige Kürzungen haben wenige JugendarbeiterInnen mit immer mehr Jugendlichen zu tun, was Jugendarbeit schwierig, wenn nicht unmöglich macht.

3.2.2 In der Schweiz

Standortbestimmung der Offenen Jugendarbeit

Offene Jugendarbeit bedeutet in der Schweiz in etwa: Angebote (wie Räume, Infrastruktur, Begleitung, Veranstaltungen, Projekte) für Jugendliche zwischen 12 und 24 Jahren, die dafür keine Mitgliedschaft eingehen oder anderer Vorbedingungen mit bringen müssen. Diese Angebote sind nicht an weltanschauliche Ziele gebunden, sind non-profit-orientiert und meistens zu einem großen Teil von der Öffentlichen Hand finanziert.

Geschichte der Offenen Jugendarbeit

Da die Schweiz nicht direkt vom zweiten Weltkrieg betroffen war, und die Väter diese Tatsache als ihren persönlichen Verdienst ansahen, erwarteten sie von den Jugendlichen, sich an diesem Idealbild zu orientieren und sich in der Jugendverbandsarbeit zu engagieren. Die wenigen auffälligen Jugendlichen wurden den Schul- oder den Fürsorgebehörden überlassen.

Erst Mitte der 50er Jahre hatte die Schweiz mit der Problematik der Halbstarken zu kämpfen und die gebildete Jugend forderte für sich Räume, um Ideen

[53] vgl. Scherr in Deinet/Sturzenhecker, 1998, S. 200-211

zu entwickeln und Neues auszuprobieren. Von ihnen kam auch die Idee der offenen Jugendhäuser.
In den 60er Jahren wurden viele solcher Häuser durch Initiativen bestehend aus Jugendlichen und Erwachsenen, oft in Vereinsform,gegründet.1968 hatten die Verbände in den Augen der Politiker beim Auffangen der Studentenbewegung versagt und es gab erneut eine Neueröffnungswelle in den größeren Städten. Diese wurden zumeist von engagierten, politisch wachen, soziokulturell eher alternativ ausgerichteten Jugendlichen getragen. Mitte der 70er stockten die Neueröffnungen, das Engagement der Jugendlichen ging zurück, die Politik trat in den Hintergrund und die Einrichtungen wurden für die jungen Menschen eine Selbstverständlichkeit.
Zur Verberuflichung ist zu erwähnen, dass bis Mitte der 70er Jahre in den Jugendhäusern Menschen aller Berufsstände tätig waren. 1973 wurde die soziokulturelle Animation und 1977 der Jugendarbeiter auf Fachschulniveau eingeführt, was zur Professionalisierung beitrug.
1980 und 81 wurden im Zuge der Jugendbewegung viele Autonome Jugendzentren, deren Träger nicht Vereine, sondern Kommunen waren, eröffnet. In der folgenden Zeit verschwand die Politik mehr und mehr aus der Offenen Jugendarbeit, der Anteil an Jugendlichen mit Migrationshintergrund stieg, das Alter der BesucherInnen sank und es stellte sich ein rascher Wechsel der Generationen ein.
Mitte der 80er Jahre hatte sich das Repertoire der Offenen Jugendarbeit um die Bereiche der niederschwelligen Beratung und Information, den Schutz der natürlichen Lebensräume der Jugendlichen, die aufsuchende und mobile Jugendarbeit und Projekte in Richtung Gemeinwesenarbeit und Soziokulturelle Animation[54] mit politischem Engagement erweitert.

Rechtliche Grundlagen

Landesweite rechtliche Grundlagen für die Offene Jugendarbeit gibt es in der Schweiz nicht. Die Zuständigkeiten liegen zumeist bei den Kommunen, teilweise subsidiär bei den Kantonen.

[54] Erläuterung in Kapitel 4.8 Ausbildungs- und studienspezifische Hintergründe der Sozialen Arbeit in Deutschland und in der Schweiz

Der Bund kann laut Art.5 „Bundesgesetz über die Förderung der außerschulischen Jugendarbeit“ (JFG) Aus- und Weiterbildung von Jugendlichen in Leitungs- und Betreuungsfunktionen, Organisation von Veranstaltungen im Bereich der außerschulischen Jugendarbeit und des Jugendaustausches, Koordinationsbestrebungen zugunsten von Jugendorganisationen, internationale Zusammenarbeit von Jugendorganisationen und Information und Dokumentation von Jugendfragen und Projekte finanzieren und fördern.
In der Kantonsverfassung des Kantons Aargau gibt es seit 2001 den §38, der besagt, dass „der Kanton und die Gemeinden...bei allen ihren Tätigkeiten die Anliegen und Bedürfnisse der Jugend“ berücksichtigen. Des weiteren können der Kanton und die Gemeinden Infrastrukturen für Jugendbelange betreffen schaffen. Der Kanton hat eine Broschüre mit Leitlinien zur Ausgestaltung der Offenen Jugendarbeit heraus gegeben, die als Legitimation und Arbeitshilfe für JugendarbeiterInnen und PolitikerInnen dienen soll.

Konzeptionelle Grundmuster in der Offenen Jugendarbeit

In der Schweiz entstanden viele Konzepte ohne theoretische Reflexion aus der Praxis heraus, da es an einer wissenschaftlichen und dokumentierenden Institution fehlt. Einiges wurde aus dem Ausland übernommen, so zum Beispiel die Sozialräumliche Arbeit, die geschlechtsspezifische Arbeit, die Jugendkulturarbeit und die mobile/aufsuchende Arbeit aus dem deutschen Sprachraum. Der generationenübergreifende französische Ansatz der Soziokulturellen Animation fand sich zuerst in der französischen Schweiz ein und schwappte dann in deutschsprachiges Gebiet über.

Probleme der Offenen Jugendarbeit

Probleme der Offenen Jugendarbeit sind beispielsweise das fehlende Engagement. Da sich keine Initiativen für die Offene Jugendarbeit mehr finden, geht diese mehr und mehr in den Verwaltungsapparat der Kommunen über. Für die Jugendlichen ist die Offene Jugendarbeit so selbstverständlich geworden, dass die (teilweise) Selbstverwaltung durch die Jugendlichen in vielen Einrichtungen undenkbar geworden ist.
Auch in der Schweiz werden die Finanzen immer knapper und da die Offene Jugendarbeit nicht im Gesetz verankert und eine freiwillige Kommunale Leistung ist, wird bei ihr am ehesten eingespart.

Die Jugendpolitik in der Schweiz gestaltet sich als sehr schwierig, da es keine einheitlichen Gesetze gibt. Regionale und überregionale Strukturen sind kaum vorhanden, so dass ein Austausch nur selten statt findet.
Die Zielgruppen der Offenen Jugendarbeit haben sich zu ausländischen, sehr jungen oder suchtgefährdeten Jugendlichen hin verlagert. Da sie so nicht die breite Masse der Schweizer Jugendlichen ansprechen kann, gerät die Offene Jugendarbeit unter Legitimationsdruck.
In der Schweiz arbeiten viele Quereinsteiger in der Jugendarbeit, die teilweise eine berufsbegleitende Ausbildung im sozialen Bereich machen, aber keine pädagogische Grundausbildung vorweisen können. Die Einrichtungen sind untereinander nur selten in Netzwerken für Austausch, Kooperation und das Durchsetzen politischer und professioneller Ansprüche organisiert. [55]

3.2.3 Die wichtigsten Unterschiede

Die Rechtslage ist in den beiden Ländern eine völlig andere: Während die Offene Jugendarbeit in Deutschland eine Soll-Leistung ist, ist sie in der Schweiz nur eine Kann-Leistung, die nicht näher beschrieben wird und den Kommunen eine hohe Gestaltungsfreiheit lässt.
Dies ist meines Erachtens auf die untergeordnete Rolle der bundesweiten Jugendpolitik, die sich eher in den einzelnen Regionen abspielt, und auf den stark ausgeprägten Föderalismus in der Schweiz zurück zu führen.
Wissenschaftliche Institute, die die Situation der Jugendlichen untersuchen und dokumentieren gibt es in Deutschland zahlreiche und schon seit langer Zeit. In der Schweiz wurde erst 1989 im Gesetz festgeschrieben, dass der Bundesrat eine solche „Kommission für Jugendfragen" die diese Aufgaben wahrnimmt, einsetzt.
In Deutschland bestehen die beiden Studiengänge Sozialarbeit und Sozialpädagogik, die teilweise schon zum Studiengang der Sozialen Arbeit zusammen gefasst werden und in Zukunft nicht mehr Diplom- sondern Bachelor- und Master-Studiengänge sein werden. In der Schweiz wurden die Höheren Fachschulen für Sozialarbeit und Sozialpädagogik gerade erst zu Fachhoch-

---
[55] vgl. Wettstein in Deinet/Sturzenhecker, 1998, S.380-388

schulen gemacht mit den Studiengängen Sozialarbeit, Sozialpädagogik und Soziokulturelle Animation, die ich im Kapitel 4.8 näher beleuchten werde.
In Deutschland langsam aber sicher im Kommen, in der Schweiz schon etabliert ist das Fundraising. JugendarbeiterInnen suchen sich Sponsoren für ihre Aktivitäten und bieten ihnen als Gegenleitung Werbeflächen auf Plakaten oder ähnlichem an.

3.3 Sozialräumliche Jugendarbeit

3.3.1 Was ist Sozialräumliche Jugendarbeit

Der Ansatz der sozialräumlichen Jugendarbeit von Ulrich Deinet ist kein fertiges Konzept, sondern eine Anleitung für die Erstellung eines Konzeptes für die örtliche Situation einer Jugendeinrichtung. Es wird davon ausgegangen, dass sich sinnvolle Konzepte für die Jugendarbeit aus dem Zusammenhang ergeben, der zwischen der Entwicklung von Kindern und Jugendlichen und den „Räumen" in denen sie leben besteht. Dabei sind soziale Räume, Orte, mit denen sich die Kinder und Jugendlichen in irgendeiner Art und Weise verbunden fühlen. Diese Räume eignen sie sich durch die tätige Auseinandersetzung mit ihnen an. Dadurch erweitern sie ihren Handlungsraum und verändern den Raum durch ihre Anwesenheit oder ihr Spiel. Böhnisch und Münchmeier stellten Ende der 80er Jahre fest, dass sich tradierte Normen auflösen und die Jugendlichen nicht mehr an fremd- und vorbestimmten Lebensläufen festhalten müssen. Daraus ergibt sich ein Bedeutungsverlust von Institutionen, Rollen und Normen und die Jugendlichen orientieren sich, im Gegensatz zu den Erwachsenen, mehr in Richtung ihrer Sozialräume. Die Offene Jugendarbeit soll sie dabei unterstützen und somit zur Lebensbewältigung der Kinder und Jugendlichen beitragen.
Lessing erkannte die „Enteignung sozialer Räume" für Jugendliche schon Mitte der 80er Jahre als Abschiebung der Jugendlichen und als eine Art des Absprechens kultureller Ausdrucksformen. Hier kann Jugendarbeit gegen steuern und für die Räume der Jugendlichen kämpfen. 1987 geht Brenner noch einen Schritt weiter und fordert Mädchenräume, Einmischung in die Stadtplanung und Sicherung öffentlicher Räume gegen die Gefahr ihrer Pädagogisie-

rung. Auf diesen Forderungen basieren Ansätze wie die Mädchenarbeit, der cliquenorientierte Ansatz, die mobile Jugendarbeit und Streetwork.

Verschiedene Sozialökologische Modelle sollen helfen, den Blick für sozialräumliche Strukturen in der Lebenswelt der Kinder und Jugendlichen zu schärfen. Bronfenbrenners Zonenmodell besagt dass sich der Handlungsraum von Kindern und Jugendlichen im Laufe ihrer Entwicklung vergrößert. Anfangs das Kinderzimmer, dann die ganze Wohnung, dann der Vorgarten und über die anliegende Straße schließlich immer größere Teile der Stadt oder des Dorfes. Durch die heutige infrastrukturelle Entwicklung passt jedoch eher das Inselmodell von Helga Zeiher auf die Lebenswelten von Kindern und Jugendlichen. Sie beschreibt verschiedene Inseln (zum Beispiel die Wohninsel, den Kindergarten, den Spielplatz), die zumeist durch Verkehrsmittel miteinander verbunden werden. Der Weg zwischen den Inseln ist für Kinder und Jugendliche irrelevant und wird nicht als Sozialraum erlebt.
Da Jugendhäuser heutzutage nicht mehr der einzige Ort sind, an dem sich Jugendliche aufhalten, können sie nicht alle Jugendlichen in gleichem Maße ansprechen. Die Offene Jugendarbeit wird für die Jugendlichen etwas Besonderes, wenn sie akzeptiert, dass sie die Aufgabe hat Räume zur Verfügung zu stellen und dieser Aneignungsprozess nicht neben her laufen muss, sondern im Vordergrund steht.
Die „konzeptionelle Differenzierung“ kann nur vor Ort für die jeweilige Einrichtung erfolgen, da die Formen der Aneignung durch Jugendliche direkt durch die sozialräumliche Struktur ihrer Lebenswelt beeinflusst wird.

3.3.2 Schritte zur Sozialräumlichen Jugendarbeit

Deshalb muss der erste Schritt der sozialräumlichen Konzeptentwicklung eine Analyse der Orte und Räume der Kinder und Jugendlichen sein. Ihre Qualitäten, Bedeutungen und Funktionen sollen eruiert werden. Die Sozialökologischen Modelle werden mit der Vor-Ort-Situation abgeglichen und diskutiert. Daraus soll eine Beschreibung der Räume, der Aneignung durch verschiedenen Jugendgruppen und der Qualität der Räume erfolgen. Geeignete Methoden dafür sind Cliquenbeobachtungen, die Nadelmethode, mit der die Aufenthaltsorte der Kinder und Jugendlichen in Quantität und Qualität auf einer Karte durch Nadeln gekennzeichnet werden können, das Jugendkulturenka-

taster, das jugendkulturelle Ausdrucksformen erfassen kann, die Fremdbilderkundung, die durch Gespräche mit Anwohnern und Passanten die Fremdwahrnehmung der Einrichtung erfassen kann, Interviews mit Schlüsselpersonen, die auf Grund ihrer Erfahrung, ihres Berufes oder anderes über Wissen zu den Strukturen und Entwicklungen des Sozialraums vorweisen können und andere Formen der Beobachtung. Diese Methoden haben oft schon einen aktivierenden und animierenden Charakter, da die Jugendlichen in die Analyse mit ein bezogen werden und aktiv mitwirken können.
Schritt zwei ist eine Analyse des Jugendhauses als Bestandteil der sozialen Infrastruktur des Sozialraums. Die Räume und die Möglichkeiten der Aneignung soll aus Sicht der Kinder und Jugendlichen erforscht werden. Hier kann die eigentliche Funktion, die die Einrichtung für Kinder und Jugendliche hat, heraus gefunden werden.
Im nächsten Schritt sollen konzeptionelle Differenzierungen entwickelt werden, die eine mögliche Richtung, in die sich die Offene Jugendarbeit entwickeln kann, aufzeigen sollen. Dabei werden wie in Kapitel 3.1.3 Der Prozess der Konzeptentwicklung Ziele und Teilziele definiert, die dann auf ein angemessenes Handlungsniveau herunter gebrochen werden.
Die sozialräumliche Orientierung ist ein kontinuierlicher Prozess der Konzeptevaluation. Im letzten Schritt nutzt man die evaluierten Ziele und Erfordernisse, um sie ständig mit den pädagogischen Bemühungen der Mitarbeiter zu vergleichen. Die Evaluation wird so ein Teil der Offenen Jugendarbeit und sichert so einen möglichst hohen Qualitäts- und Professionalisierungsstandard.[56]

3.3.3 Warum Sozialräumliche Jugendarbeit?

Den sozialräumlichen Ansatz halte ich in der Jugendarbeit allgemein und in der Grenzüberschreitenden Jugendarbeit für sehr wichtig. Der Sozialraum der Jugendlichen hält die verschiedensten Ressourcen bereit, an denen man ansetzen kann und soll. Außerdem lassen die Jugendlichen sich nicht so einfach von einem Raum in einen anderen „verpflanzen". Bei der Erarbeitung eines Konzeptes für die Grenzüberschreitende Jugendarbeit wird es sehr auf-

---

[56] vgl. Deinet in Deinet/Sturzenhecker, 2001, S.9-17

schlussreich sein, die Lebenswelten und Räume der deutschen und Schweizer Jugendlichen zu analysieren und sie auf Überschneidungen abzuprüfen.

3.4 Interkulturelle Jugendarbeit

Die Interkulturelle Arbeit ist laut Nieke wahrscheinlich eine Übertragung des Begriffs der **Interkulturellen Erziehung**.[57] Diese hat sich inzwischen als eigenständiges pädagogisches Fachgebiet etabliert und wird nun **Interkulturelle Pädagogik** genannt.[58] Neben der **Interkulturalität** wird oft auch von **Multikulturalität** und von **Transkulturalität** gesprochen. Diese Begriffe werde ich nach einer Beleuchtung des Begriffes **Kultur** näher betrachten. Danach werde ich auf die **Interkulturelle Pädagogik** eingehen.

3.4.1 Definitionen für Kultur

Kultur nach Herder (Ende des 18. Jahrhunderts) weist drei Aspekte auf: Kultur soll das gesamte Leben eines bestimmten Volkes bestimmen. Diese Kultur soll nur für ein bestimmtes Volk gültig sein. Kultur vereinheitlicht also ein Volk, ist an ein bestimmtes Volk gebunden und grenzt dieses Volk von anderen ab.[59]

Auch in der Erklärung von Mexico-City 1982 wird noch von geschlossenen Einzelkulturen gesprochen, die die Identität eines Volkes darstellt und die es zu schützen gilt.[60]

1937 entwickelt Marcuse basierend auf Horkheimer einen neuen Kulturbegriff, der für die heutige Diskussion der „Interkulturellen Erziehung" relevant ist: Zum einen gibt es Kultur, in der „das jeweilige Ganze des gesellschaftlichen Lebens...als auch der materiellen Reproduktion ...eine historisch abhebbare Einheit bilden." Dazu gehören also die Kultur im engeren Sinne, wie Kunst, Musik, aber auch die Zivilisation, wie Gewohnheiten und Tugenden. Zum anderen besteht ein Begriff der *Kultur* der diese geistige Welt zu einer unpassenden Allgemeinheit und Allgemeingültigkeit erhebt, woraus dann Begriffe

[57] vgl. Otto/Thiersch, 2001, S.811
[58] vgl. Auernheimer, 2003, S.7
[59] vgl. Welsch in Studium generale der Johannes-Gutenberg-Universität Mainz, 1999, S.46f.
[60] vgl. Kramer, Studium generale der Johannes Gutenberg-Universität Mainz, 1999, S.14

wie die „nationale Kultur" oder die „deutsche Kultur" entstehen. *Kultur* wird so zum Selbstzweck, der die geistige gegen die materielle Welt ausspielt.[61]
Nun noch zwei moderne Definitionen von *Kultur*: Nach Kocka ist *Kultur* „ein System...von Zeichen..., das für eine größere Zahl von Menschen...Wirklichkeit sinnvoll deutet und damit deren soziale Beziehungen... ebenso erst ermöglicht, wie deren Verhältnis zu sich selbst und zu ihrer Umgebung..."[62]
Borelli beschreibt *Kultur* mit folgenden Merkmalen: sie ist „nicht in Grenzen zu halten", sie ist „historisch-gesellschaftliche Erfahrung" und sie ist „Denkerfahrung". So ist die „Gleichsetzung von Kulturen mit Staaten...ein gravierender Fehler."[63], *Kultur* muss als dynamischer Prozess betrachtet werden und kann nur durch das menschliche Denken erfahrbar gemacht werden.

3.4.2 Drei Kulturkonzepte

Multikulturalität

Die Mulitkulturalität erkennt an, dass es in einer Gesellschaft viele verschiedene Kulturen gibt, die neben einander leben lernen sollen. Es wird zwar keine kulturelle Homogenität gefordert, aber der Begriff stützt sich auf den alten Kulturbegriff von Herder, der kein Miteinander der Kulturen vorsieht. Dass so keine Kommunikation und keine Lösungstrategien für Probleme zwischen den Kulturen entstehen können, zeigt sich in den USA, ein Einwanderungsland, in dem sich die verschiedenen Kulturen durch „Ghetto-Bildung" voneinander abgrenzen.[64]

Interkulturalität

Auch das Konzept der Interkulturalität geht von einem starren Kulturbegriff aus. Die verschiedenen Kulturen werden als separate Inseln ohne Überschneidungen oder Gemeinsamkeiten mit den anderen betrachtet. Es erkennt zwar an, dass interkulturelle Konflikte entstehen und wirkt ihnen mit interkul-

---

[61] vgl. Götze/Pommerin in Borelli, 1986, S.117
[62] s. Triebel in Hahn, 1999, S.85
[63] s. Berg in Hahn, 1999, S.220
[64] vgl. Welsch in Studium generale der Johannes Gutenberg-Universität Mainz, 1999, S.49f.

tureller Kommunikation entgegen, setzt aber nicht an der Basis des Problems, der strikten Trennung der verschiedenen Kulturen, an.[65]

Transkulturalität

Auf Grund von Globalisierung, Migration, Mischung, Vernetzung und Durchdringung der verschiedenen Kulturen kann man nicht mehr von den oben erwähnten Kulturinseln, die nichts miteinander zu tun haben wollen oder können, sprechen. Diese neue Struktur der Kulturen bezeichnet Welsch als transkulturell.

Transkulturalität setzt an diesem Bewusstsein an. Die verschiedensten Kulturen haben heute oft die gleichen Probleme, wie zum Beispiel die Femininsmusbewegung oder die Menschenrechtsbewegung, für die überall auf der Welt gekämpft wird, zeigen.

Durch die Globalisierung werden für einen großen Teil der Menschen auf der Welt die gleichen Konsumgüter und Informationen verfügbar. Dabei vermischt sich Fremdes mit Eigenem, bis es nicht mehr als solches erkannt wird. Auslandsaufenthalte und Reisen haben sich in den letzten Jahrzehnten etabliert. Seit dem zweiten Weltkrieg wird vor allem in Deutschland scharf getrennt zwischen nationaler und kultureller Identität. Daraus folgt laut Welsch: „Jedes heutige Kulturkonzept muss sich der transkulturellen Verfassung stellen.“ Es wird keinem Individuum mehr gelingen, nur einer einzigen Kultur anzugehören und mit keiner anderen Kontakte zu haben.[66] Aus diesem Verständnis heraus soll Jugendarbeit über kulturelle Grenzen und Staatsgrenzen hinweg tätig werden.

3.4.3 Interkulturelle Pädagogik

Was ist Interkulturelle Pädagogik?

Das Konzept der Interkulturellen Pädagogik beschäftigt sich mit der Thematik der verschiedenen Kulturen und richtet sich nicht nur an die MigrantInnen, sondern auch an die „Dominanzkultur“ eines Landes, um das Zusammenleben unterschiedlicher und sich überschneidender Kulturen zu verbessern.[67]

---

[65] vgl. Welsch in Studium generale der Johannes Gutenberg-Universität Mainz, 1999, S.50f.

[66] vgl. Welsch in Studium generale der Johannes Gutenberg-Universität Mainz, 1999, S.51f.

[67] vgl. Prof. Dr. Santos-Stubbe, 2002, unveröffentlicht

Sie ist also keine „Ausländerpädagogik“ und ist nicht an staatliche Grenzen gebunden. Deshalb ist die Interkulturelle Erziehung/Pädagogik meines Erachtens wichtig für Kooperationen zwischen verschiedenen Ländern, wie im Fall der Grenzüberschreitenden Jugendarbeit zwischen Deutschland und der Schweiz.

Für die Interkulturelle Pädagogik gibt es noch keine allgemein anerkannte Definition.[68] Im Folgenden beleuchte ich einige Versuche, dieses Fachgebiet möglichst genau zu umreißen. Da sich der Begriff der Interkulturellen Pädagogik erst Ende der 90er Jahre etabliert hat, taucht in den Erklärungsversuchen auch der Begriff der Interkulturellen Erziehung und der verwandte Begriff des Interkulturellen Lernens auf.

Borelli definiert die Interkulturelle Erziehung als „Konfrontation des eigenen vorläufigen Philosophiebewußtseins, das in Äußerungen, Feststellungen, Bewertungen und im Verhalten“ zum Beispiel gegenüber Menschen anderer kultureller Herkunft, „zum Ausdruck kommt, mit den Bedingungen und Voraussetzungen, die diesem Bewußtsein voraus gehen, mittels Reflektion, Vergleich, Infragestellung: d.h. Bewußtsein bewußt machen.“[69] So sollen zum Beispiel interkulturelle Vorurteile bearbeitet und reflektiert werden, mit dem Ziel, sich bewusst zu werden, dass diese nicht auf Tatsachen basieren.

Die Interkulturelle Erziehung beinhaltet eine „Erziehung zur Empathie“, „Erziehung zur Solidarität“, Erziehung zu Interkulturellem Respekt“ und „Erziehung gegen das Nationaldenken“.[70] Zusammengefasst soll eine Art **Interkultureller Kompetenz** ausgebildet werden.

Hohmann spricht von zwei unterschiedlichen Akzentsetzungen in der Interkulturellen Erziehung, die gemeinsame Bearbeitung interkultureller Konflikte und die Begegnung mit fremden Kulturen.

Pommerin beschreibt die Interkulturelle Erziehung als „pädagogische Antwort auf die Realität einer multikulturellen Gesellschaft.“ Sie gehe davon aus, dass sowohl ausländische als auch deutsche Kinder (und Erwachsene) von der Multikulturalität unserer Gesellschaft betroffen sind...“ und diese Situation für alle ein Lernchance bedeutet. Interkulturelle Erziehung versteht sich nicht als „Harmonisierungsmaßnahme, sondern als ein Konfliktlösungskonzept“.

[68] vgl. Auernheimer, 1996, S.166
[69] s. Borelli in Borelli, 1986, S.23
[70] vgl. Essinger in Borelli, 1986, S.71

Pommrin betont den „erweiterten Kulturbegriff“ mit dem in der Interkulturellen Erziehung gearbeitet wird.[71]

Thomas definiert interkulturelles Lernen wie folgt: „Interkulturelles Lernen findet statt, wenn eine Person bestrebt ist, im Umgang mit Menschen einer anderen Kultur deren spezifisches Orientierungssystem der Wahrnehmung, des Denkens, Wertens und Handelns zu verstehen, in das eigene kulturelle Orientierungssystem zu integrieren und auf ihr denken und Handeln im fremdkulturellen Handlungsfeld anzuwenden. Interkulturelles Lernen bedingt neben dem verstehen fremdkultureller Orientierungssysteme eine Reflexion des eigenen Orientierungssystems.“[72]

Die Interkulturelle Pädagogik basiert laut Auernheimer auf vier Leitmotiven. Grundlegende Prinzipien sind „das Eintreten für die Gleichheit aller ungeachtet der Herkunft“, „die Haltung des Respekts für Andersheit“, „die Befähigung zum interkulturellen verstehen“ und die „Befähigung zum interkulturellen Dialog“.

Warum interkulturelle Pädagogik?

Migrationsbewegungen gab es auf der gesamten Welt schon immer, sei es nun auf der Flucht vor kriegerischen Auseinandersetzungen, vor Hunger oder aus wirtschaftlichem Interesse. Für uns relevante Moderne „Migrationssysteme“ gab es jedoch erst zur zeit der Nationalstaatsbildung.

Typen der Migration sind Siedlungs- und Fluchtmigration. Später kam die Arbeitsmigration hinzu.[73] Aus welchen Gründen auch immer Menschen emigrierten, sie und die Aufnahmegesellschaft wurden mit dem Fremden konfrontiert. Die Interkulturelle Pädagogik will dazu beitragen, dass eine solche „Aufnahme“ und das leben mit „Fremden“ gelingen kann.

Die Legitimation für die Interkulturelle Erziehung findet sich im Grundgesetz, das jedem Menschen Würde und Grundrechte zusichert, das respektieren von Sonderkulturen vorgibt und die Pluralität zu Gunsten von MigrantInnen befürwortet.[74]

---

[71] vgl. Pommerin, 1984

[72] s. Thomas in Auernheimer, 1996, S.169

[73] vgl. Auernheimer, 2003, S.16f.

[74] vgl.Fischer in Borelli, 1986, S.83

Jaques Delors beschreibt im UNESCO-Bildungsbericht, wie wichtig es heute ist, neben dem „lernen, Wissen zu erwerben“ und dem „lernen, zu handeln“ **„lernen, zusammen zu leben“** und zu „lernen für das Leben“.[75]

Stufen des interkulturellen Lernens

Leenen und Groschs haben nach eigenen Interkulturellen Trainingserfahrungen ein Stufenkonzept formuliert, an denen sich PädagogInnen in der Interkulturellen Arbeit orientieren können.

Am Anfang steht die Erkenntnis, dass das Individuum generell an eine Kultur gebunden ist. Danach kann eine Identifikation mit fremdkulturellen Mustern, also eine Dezentrierung, folgen. Eigene Kulturstandards können identifiziert und deren Auswirkungen auf die Kommunikation mit fremden Kulturen eingesehen werden. Das Deutungswissen über bestimmte fremde Kulturen erweitert sich, das heißt kulturelle Handlungen der Fremden, kann besser verstanden und toleriert werden. Darauf folgt eine Erweiterung der eigenen kulturellen Optionen, es kann also ein Teil der kulturellen Muster für positiv befunden werden und ins eigene Handlungsrepertoire übergehen. Erst dann ist der „Aufbau interkultureller Beziehungen“ und ein „konstruktiver Umgang mit interkulturellen Konflikten“ möglich.[76]

Interkulturelles Lernen in der Praxis

In der Praxis kann das zum Beispiel wie im von Stefan Gaitanides entwickelten Modell des interkulturellen Lernens aussehen, das ich hier kurz vorstellen möchte. Im ersten Schritt kann sich eine Gruppe von Menschen, die sich mit dem Thema des Fremden und der Angst davor auseinandersetzen will (oder soll) kennen lernen. Hier werden schon die ersten kulturellen Unterschiede festgestellt und thematisiert. Im zweiten Schritt werden diese Unterschiede kritisch reflektiert, Vorurteile und Klischees werde bewusst gemacht, Verallgemeinerungen und Vereinfachungen werden aufgelöst. Es wird beleuchtet, wo diese Vorurteile ihren geschichtlichen Hintergrund haben, was gerechtfertigt war oder ist. Dadurch sollen Klischeebilder möglichst aufgelöst werden. Nun soll in einem gleichberechtigten, fairen Diskurs über positive und negati-

[75] vgl. Deutsche UNESCO-Kommission, 1998

[76] vgl. Auernheimer, 2003, S.125

ve Seiten verschiedener Kulturen und somit eine Relativierung der Vorherrschaft der eigenen Kultur erreicht werden. Im letzten Schritt sollen die TeilnehmerInnen in der Kommunikation mit anderen Kulturen erleben, wie sich Kulturen überschneiden und ergänzen.[77]

Aufgaben der Interkulturellen Jugendarbeit

Georg Auernheimer beschreibt in seinem Buch „Interkulturelle Erziehung", wie Interkulturelle Pädagogik in der außerschulischen Jugendarbeit aussehen kann.

Wichtige Aufgaben sind, (interkulturelle) Konflikte zu thematisieren und sie möglichst auch zu bearbeiten. Die Jugendlichen sollen sich mit ihren gegenseitigen Vorurteilen und Stereotypen auseinandersetzen und sich ihrer bewusst werden. Dazu gehört auch, die Dinge mal aus einer anderen Perspektive zu betrachten. „Was denkt mein Gegenüber über die Situation?" Jugendliche sollen andere Lebensweisen kennen lernen und dadurch ihre eigene nicht mehr als die einzig richtige anzuerkennen. Damit einher geht die Sensibilisierung für die Situation von Minderheiten, wie Migranten, Aussiedler etc. durch das hautnahe erleben derer sozialstruktureller Benachteiligungen. Über ethnische Grenzen sollen Erfahrungen mit Kooperation gemacht werden. Durch spielerischen Umgang mit kulturellen Symbolen der „Fremden" kann das eigene kulturelle Repertoire erweitert werden.[78]

Internationale Jugendarbeit

Ähnliche Grundgedanken wie in der Interkulturellen Pädagogik finden sich im Ansatz der internationalen Jugendarbeit, die nach dem zweiten Weltkrieg einen Aufschwung erlebte, jedoch oft als Vorwand für politische Interessen benutzt wurde. Es werden vielfältige Internationale Jugendbegegnungen auf Zeit in Form von Internationalen Zeltlagern oder Austauschprogrammen unter Partnerstädten durchgeführt, die meines Erachtens leider einen Charakter des Ausnahmezustandes für die Jugendlichen haben. Zwei Wochen mit französischen Jugendlichen ändern die Einstellungen der deutsche Jugendlichen zu ihnen nicht nachhaltig. Die Grenzüberschreitung kann so nicht zum Alltäg-

---

[77] vgl. Gaitanides in IZA, 2/1994, S.25f.
[78] vgl. Auernheimer, 1996, S.239

lichen und Normalen werden, sondern bleibt exotisch. Außerdem bleiben diese Formen der interkulturellen Begegnung zumeist Jugendlichen aus „eher gut situierten Elternhäusern“ vorbehalten.[79]

[79] vgl. Delmas, 2004, S.4, unveröffentlicht

4 Analyse: Die Hochrheinregion

Im Folgenden stelle ich die mir wichtig erscheinenden Daten und Fakten zusammen, die für eine Grenzüberschreitende Jugendarbeit relevant sein können. Nach einer allgemeinen geographischen Situierung der Hochrheinregion richte ich den Fokus auf die grenznahen Gemeinden des Landkreis Waldshut und der Schweizer Gemeinden, die an diese angrenzen. Dazu gehören Schweizer Gemeinden aus den Kantonen Aargau, Schaffhausen und Zürich. Die Daten der Kantone Schaffhausen und Zürich klammere ich bei dieser Betrachtung bewusst aus, da sie mit neun beziehungsweise sechs Grenzgemeinden weitaus weniger Gemeinden aufweisen, die an den Landkreis Waldshut angrenzen, als der Kanton Aargau. Danach beleuchte ich die Geschichte der Region, Bevölkerungs-, Infrastruktur und Wirtschaft am Hochrhein sowie rechtliche und kulturelle Unterschiede. Die Bedeutung der Grenze für die Menschen am Hochrhein versuche ich durch eine Pressanalyse und eine Umfrage unter Jugendlichen deutlich zu machen. Abgerundet wird die Analyse durch die studienspezifischen Unterschiede der Sozialen Arbeit in beiden Ländern und eine Bestandsaufnahme der Einrichtungen der Offenen Jugendarbeit und grenzüberschreitenden Projekte mit, von und für Jugendliche.

Zum besseren Verständnis der Situation am Hochrhein habe ich verschiedene Karten erstellt. Diese sollen Teilaspekte deutlich machen und sind in den Text eingefügt. Eine große Übersichtskarte mit Legende befindet sich im Anhang.

4.1 Geographische Lage

Als Hochrhein wird der 140 km lange Abschnitt des Rheins zwischen dem Bodensee und Basel bezeichnet.[80]Die Tallandschaft ist nicht einheitlich geprägt, sondern weist weite ruhige Abschnitte aber auch gefährliche Stromschnellen auf. Bis zur Aaremündung bei Waldshut und Koblenz ist der Rhein von Norden und Süden her gut zugänglich. Westlich dieser Flussmündung

---

[80] vgl. www.wissen.de/xt/default.do?MENUNAME=Suche&SEARCHTYPE=topic&query=Hochrhein, Stand 19.9.2005

schliesst im Süden der Tafeljura und im Norden der Südschwarzwald das Rheintal ab. Erst in Basel öffnet sich das Rheintal in Richtung der oberrheinischen Tiefebene.[81] Zur Hochrheinregion gehören die deutschen Landkreise Konstanz, Waldshut und Lörrach, auf der Schweizer Seite grenzen die Kantone Schaffhausen, Zürich, Aargau und Basel-Landschaft an den Hochrhein.

4.2 Geschichte des Hochrheins

Schon im ersten Jahrhundert nach Christus wurden am Hochrhein die ersten Brücken von den Römern gebaut. Ab 400 nach Christus überließen sie die Region den Alemannen, die sich beidseits des Rheins niederließen. Früh wurden zahlreiche Kloster und Städte gegründet. Bald verlor der Rhein seinen trennenden Charakter durch vermehrten Brückenbau und die Rheinschiffahrt. Seit dem Jahr 1415 gehört das linksrheinische Gebiet zwischen Kaiserstuhl und Aaremündung zur Schweiz. Mit der Französischen Revolution wechselten auch die letzten linksrheinischen Gebiete im Fricktal von den österreichischen Habsburgern zu den Eidgenossen. Der Rhein war nun Staatsgrenze von der Aaremündnung bis Basel. Noch lange bestanden Beziehungen in den durch Napoleon und den Rhein getrennten Ortschaften.
Erst im 19. Jahrhundert bildete sich die Grenze auch in den Köpfen der Menschen.[82]Dieses Gefühl wurde in den beiden Weltkriegen noch verstärkt. 1515 erklärte die Schweiz ihre Neutralität und grenzte sich während des Zweiten Weltkrieges durch die „geistige Landesverteidigung“[83], ein von verschiedenen Gruppen geführter Abwehrkampf gegen Nazideutschland, aktiv von Deutschland und der Ideologie Deutschlands ab. Der Nationalsozialismus fand auch in der Schweiz seine Anhänger, aber ein Anschluss an Hilter-Deutschland war für die Eidgenossen undenkbar. Spätestens 1934 wurde den Schweizern mit den Nürnberger Rassengesetzen der brutale Charakter des Regimes klar. [84]Trotz aller ideologischer Abgrenzung war die Schweiz bis kurz vor Kriegsende mit Deutschland eng verbunden, war Stromversorger und lieferte sogar

---

[81] vgl. Schib in Bildband: Land am Hochrhein, Jan Thorbecke Verlag, Konstanz-Lindau-Stuttgart, 1967, S.5
[82] vgl. Schib in Bildband: Land am Hochrhein, Jan Thorbecke Verlag, Konstanz-Lindau-Stuttgart, 1967, S.5ff
[83] vgl. www.geschichte-schweiz.ch/geistige-landesverteidigung.html, Stand 19.9.2005
[84] vgl. www.geschichte-schweiz.ch/zweiter-weltkrieg-1939-1945.html, Stand 19.9.2005

Waffen.[85] Große Debatten gibt es auch heute noch darum, ob die Schweiz sich selbst schuldig gemacht hat, unter anderem dadurch, dass von den Nazis verfolgte Flüchtlinge an der Schweizer Grenze zurück gewiesen wurden.[86] Noch heute tut sich die Schweiz schwer mit ihrer Kriegsvergangenheit[87], was sich allzu oft in den Beziehungen zu Deutschland niederschlägt. Jedoch wurden auch die Schweizer zu Opfern, als irrtümlich Bomben der Alliierten auf Zürich und Basel fielen.[88] Während und nach dem Zweiten Weltkrieg halfen die Schweizer hungernden deutschen Kindern durch Nahrungsmittel- und Kleiderspenden[89] und halfen während einer Evakuierung mehrerer deutscher Gemeinden beim Einbringen der zurück gelassenen Heuernte.[90]

4.3 Bevölkerung, Wirtschaft und Infrastruktur am Hochrhein

4.3.1 Bevölkerung und Gemeinden

	WT[91]	**AG[92]**
Einwohnerzahl	160.000	559.799 [93]
Fläche	1.131,20 km²	1.405 km² [94]
Einwohnerzahl der größten Gemeinde	22.500	10.089
Einwohnerzahl der kleinsten Gemein-	1.060	228

[85] vgl. Calonego: Die Schweiz – oder eine nicht ganz saubere Weste in Südkurier, 1.4.1995
[86] vgl. NZZ, 23.3.2002
[87] vgl. Calonego: Die Schweiz – oder eine nicht ganz saubere Weste in Südkurier, 1.4.1995
[88] vgl. Heidmann: Hunderte Bomben landeten „irrtümlich" in der Schweiz in Südkurier, 1995
[89] vgl. Auszug aus einer Tageszeitung des Kantons Schaffhausen aus dem Jahre 1947 in Gemeindeblatt Klettgau 1989
[90] vgl. Bader: Treck vom Rhein in den Südschwarzwald in Südkurier, Datum unbekannt
[91] vgl. Landratsamt Waldshut, Amt für Wirtschaftsförderung, 2004, S.10f., 22 und 32
[92] Alle statistischen Daten, die sich auf die Schweizer Grenzgemeinden beziehen, stammen von den Homepages der einzelnen gemeinden oder direkt von den Gemeindeverwaltungen.
[93] vgl. Kantonales Statistisches Amt, Aargau, 2004, S.3
[94] vgl. ebenda

de		
Grenznahe Gemeinden	15	37
Einwohnerzahl der grenznahen Gemeinden	Ca. 109.000	59.907
Anteil der Einwohner einer grenznahen Gemeinde in %	50 %	11 %
Anteil Kinder und Jugendlicher in %	21,21 % (6-18 Jahre)	23 % (0-18 Jahre)
Ausländeranteil in %	10,3 %	20 %[95]

In der Tabelle ist erkennbar, dass sich die Bevölkerung im Landkreis in Richtung des Rheines, die Schweizer Bevölkerung im Aargau sich eher weg von der Peripherie, in Richtung der größeren Städte in der Schweiz orientieren.
Die Angaben zum Ausländeranteil sind auf Grund der unterschiedlichen Einbürgerungsregelungen in Deutschland und der Schweiz nicht direkt miteinander vergleichbar.

In der folgenden Karte sind zusätzlich zu den Gemeindegrenzen die grenznahen deutsche Ortsteile in orange, befahrbare Grenzübergänge in grün und Grenzübergänge für Fußgänger in gelb gekennzeichnet. Die Namen der Schweizer Gemeinden sind der Karte mit Legende im Anhang zu entnehmen.

[95] vgl. ebenda

Schaffhausen und Basel. Vor allem der deutsche Einzelhandel profitiert von der Nähe zur Schweizer Grenze, die ihnen auch Schweizer Kunden beschert.

4.3.4 Preisniveau und Einkommen

Das Preisniveau lag in der Schweiz 1997 etwa 20% höher als in Deutschland.[104] Mit der Einführung des Euro hat sich das deutsche Niveau an der Grenze zwar etwas an das der Schweiz angeglichen. Trotzdem bleibt der Einkauf in Deutschland für die SchweizerInnen interessant. Die Mehrwertsteuer, die in der Schweiz weit unter der in Deutschland liegt, wird den Schweizern zurück erstattet.

	D	**CH**[105]
Jahreshaushaltseinkommen 2002 netto in €	23.100 € [106]	63.842,4 € [107] (97564 CHF)
Monatshaushaltseinkommen 2002 netto in €	1925 €	5320,20 € (8130,33 CHF)

Die Schweizer Nettolohnberechnung nahm ich mit einem Online-Steuerrechner vor. Berechnungsgrundlage ist eine Familie mit 2 Kindern, ein Elternteil vollbeschäftigt, evangelisch, wohnhaft in Zurzach. Rentenbeiträge blieben hierbei unberücksichtigt. Nach meinen Berechnungen lebt die Schweizer Familie mit über 60% mehr Einkommen als Familien in Deutschland.

Die Mieten lagen in Deutschland 1997 um etwa 27% niedriger als in der Schweiz.[108]

Das Schweizer Bruttoinlandprodukt lag 1997 20% über dem in Deutschland.[109]

[104] vgl. Bundesamt für Statistik, Schweiz, 2000, S.9
[105] Wechselkurs vom 5.9.2005
[106] vgl. www.destatis.de/presse/deutsch/pm2003/p3120121.htm, Stand 19.9.2005
[107] vgl. Bundesamt für Statistik, Einkommens- und Verbrauchserhebung 2002 i.V.m. Steuerrechnber auf www.konsuminfo.ch/tools/tribut/tribut.html
[108] vgl. Bundesamt für Statistik, Schweiz, 2000,S. 10
[109] vgl. Bundesamt für Statistik, Schweiz, 2000,S.9

Ein € kostet momentan 1,52805 sFr.[110]

Zusammengefasst wird das höhere Einkommen und die niedrigeren Steuern der Schweizer durch höhere Lebenshaltungskosten ausgeglichen. Ihr Vorteil ist jedoch, dass sie in Deutschland relativ günstig, jedoch nur in begrenzten Mengen, einkaufen können.

[110] Wechselkurs vom 5.9.2005

Strecke	Früheste Fahrt Mo-Fr/WE	Späteste Fahrt Mo-Fr/WE	Umstiege	Schnellste Fahrt zeit	Längste Fahrt zeit	Verbindungen am Tag/ Mo-Fr
Koblenz (CH)-Waldshut (D) 2 km	Hin: 5:30/ 1:54	Rück: 6.26/ 5:36	1-2	0:22	1:57	Hin: 25
	Hin: 23:10	Rück: 22:34/ 22:32				Rück: 23
Koblenz (CH)-Waldshut (D) 2 km	Hin: 5:01/ 6:47	Hin: 22:47	9	0:05	0:05	Hin: 25
	Rück: 8:09	Rück: 17:34				Rück: 20

Aus eigener Erfahrung weiß ich, dass das Netz der öffentlichen Verkehrsmittel im Landkreis Waldshut relativ schlecht ausgebaut ist. Beispielhaft habe ich für den Landkreis Waldshut und den Kanton Aargau verschiedene Fahrtrouten betrachtet, die auf der Karte und in die Tabelle(siehe oben) eingetragen sind. Die grenznahen und teilweise auch grenzüberschreitenden Bahnlinien sind auf der Karte braun gekennzeichnet. Gemeinden, die nicht an einer Bahnstrecke liegen, sind durch Busse an den öffentlichen Verkehr angeschlossen

Die wenigsten Verkehrsmittel innerhalb der kleinsten Zeitspanne fahren auf der Strecke Aichen – Waldshut. Das umfassendste Angebot an Fahrtzeiten findet sich auf den Strecken Grießen – Waldshut, Waldshut – Koblenz und Erzingen – Neuhausen.

Innerhalb des Landkreises Waldshut ist es Jugendlichen kaum möglich, abends mit öffentlichen Verkehrmitteln von den Dörfern in die Stadt zu kommen. Sie sind auf wohlwollende Eltern oder den eigenen Führerschein angewiesen.
Die grenzüberschreitenden Verbindungen fallen positiv auf.

Die Jugendstudie des Landkreises Waldshut unterstreicht das mangelhafte Angebot an öffentlichen Verkehrsmitteln. Die Jugendlichen empfinden das Angebot an Bus- und Bahnverbindungen ebenfalls als ungenügend. Außerdem bemängeln sie, dass Fahrten mit Bus und Bahn immer teurer werden.[112]

4.4 Rechtliche Unterschiede und Problemlagen

Die rechtliche Situation der Offenen Jugendarbeit habe ich bereits in Kapitel 3.2 Offene Jugendarbeit für beide Länder erörtert.
Nun möchte ich weitere Rechtsbereiche, die für eine grenzüberschreitende Zusammenarbeit relevant sein können, beleuchten.

---

[112] vgl. Blinkert, 2003, S.188

4.4.1 Jugendschutz

Die Regelungen für die Alkoholabgabe an Jugendliche ist in Deutschland und in der Schweiz die gleiche: Alkohol darf nicht an Jugendliche unter sechzehn Jahren abgegeben werden, branntweinhaltige Getränke nicht an Jugendliche unter achtzehn Jahren[113]. Diese Regelung gilt in Deutschland nicht, wenn Kinder und Jugendliche von einer personensorgeberechtigten Person begleitet werden.[114] Für die Schweiz habe ich dazu keine ähnliche Regelung gefunden.

In Deutschland darf Kindern und Jugendlichen unter sechzehn Jahren das Rauchen und der Erwerb von Tabakwaren in der Öffentlichkeit nicht gestattet werden.[115]In der Schweiz konnte ich keine offizielle Altersbegrenzung für die Abgabe von Tabakwaren entdecken. Die Zürcher Suchtprävention fordert ein solches in ihrem Positionspapier jedoch explizit ein.[116]

Ab dreizehn dürfen Schweizer Jugendliche sich ohne Erziehungsberechtigte in einem Restaurant aufhalten, mit Einwilligung der Eltern bis 24 Uhr in der Disco. Ab sechzehn dürfen junge SchweizerInnen allein ein Kino, ein Konzert oder ein Fussballspiel besuchen. Ab achtzehn sind Glückspiele erlaubt.[117]

Deutsche Jugendliche unter sechzehn dürfen sich nur in Begleitung eines Erziehungsberechtigten in Gaststätten und an öffentlichen Tanzveranstaltungen aufhalten. Jugendlichen ab sechzehn ist der Aufenthalt ohne Erziehungsberechtigte bis 24 Uhr erlaubt.[118] Ins Kino dürfen Kinder und Jugendliche ab sechs Jahren alleine, wenn der Film für ihr Alter freigegeben ist.[119] Öffentliche Spielhallen sind Kindern und Jugendlichen nicht erlaubt.[120]

---

[113] s. Jugendschutzgesetz §9(1) für Deutschland, Gastgewerbercht §1 S.2a) und b) für die Schweiz

[114] s. Jugendschutzgesetz §9(2) (D)

[115] s. Jugendschutzgesetz §10(1) (D)

[116] vgl. www.suchtpraevention-zh.ch/pdf/positionspapier.pdf, S.5, Stand 19.9.2005

[117] vgl. Julex des Kantons Basel-Lanschaft, www.bl.ch/docs/vsd/gefoe/julex/2004/recht-pflicht.pdf, S.35f., Stand 19.9.2005

[118] vgl. §3, 5 JÖSchG

[119] vgl. §6 JÖSchG

[120] vgl. §8 JÖSchG

4.4.2 Betäubungsmittelgesetz

Der Besitz, der Anbau von und der Handel mit Cannabis ist in Deutschland verboten. Die Strafen reichen von einer Geldstrafe bis hin zu Haftstrafen von fünf Jahren.[121]Vom Cannabiskonsum dagegen ist im Gesetz nicht die Rede. Von einer Strafe kann abgesehen werden, wenn nur zum eigenen Gebrauch erworben oder angebaut wurde.[122] Eine Legalisierung in Deutschland wird von verschiedenen Vereinen und Gruppierungen deutlich eingefordert, bis zu politischen Diskussionen, das Betäubungsmittelgesetz zu ändern, ist es jedoch noch nicht gekommen.

Auch in der Schweiz gehört Cannabis (im Gesetz Hanfkraut genannt) zu den Betäubungsmitteln[123] und der Anbau, der Besitz, der Handel und auch der Konsum sind strafbar mit Geld- oder Haftstrafe.[124] Geringfügige Mengen zum eigenen Gebrauch sind auch hier nicht strafbar.[125]

Die Strafverfolgung wird in den verschiedenen Kantonen auf unterschiedliche Weise gehandhabt und ist in einigen Kantonen repressiver als in den anderen. In einer „Rechtshilfebroschüre für Kiffende" erklärt der Schweizer Verein „Legalize it!", dass der Kanton Aargau neben der französischen Schweiz eine der höchsten Verfolgungsintensitäten für Cannabis-Konsumenten aufweist.[126]

In der Schweiz erlebt das Kiffen mehr und mehr Akzeptanz, und schon seit Jahren wird auch in der Politik darüber diskutiert, Cannabis zu legalisieren. Es wurden viele Vereine gegründet, die sich mit dieser Thematik auseinandersetzen und auch die Eidgenössische Kommission für Drogenfragen hat einen Bericht zum Thema angefertigt, der als Grundlage für die „hanfpolitischen Diskussionen" dient.[127]Da sich die Bundesversammlung (Legislative der Schweiz) nicht einig ist, ob das Betäubungsmittelgesetz in der Form geändert werden soll, dass Cannabis nicht länger als illegale Droge gilt, wird der schon länger laufende Prozess der Legalisierung erheblich verzögert.[128]

---

121 s. §29 BtMG (D)
122 s. 331 BtmG (D)
123 s. Art.1 BetmG (CH)
124 s. Art.19 (1) BetmG (CH)
125 s. Art19b BetmG (CH)
126 vgl. Verein Legalize it!, 2002, S.26
127 vgl. Verein Legalize it!, 2002, S.44
128 vgl. www.hanfarchiv.ch/cgi-bin/a_text.cgi?1800, Stand 19.9.2005

4.4.3 Ausländerrecht

Mit einem gültigen Pass oder Ausweis kann jeder EU-Bürger problemlos in die Schweiz einreisen. Maximal drei Monate ist der Aufenthalt ohne fremdenpolizeiliche Bewilligung erlaubt. [129]Seit dem 1. August 2000 brauchen auch Menschen, die nicht der EU angehören und deshalb visumpflichtig wären, kein Visum mehr, sofern sie einen gültigen Aufenthaltstitel eines EU- oder EFTA[130]-Staates besitzen. Erscheint den Grenzbeamten eine fristgerechte Ausreise aus der Schweiz jedoch nicht gesichert, können sie die Einreise verweigern.[131] Asylbewerbern in Deutschland wird es nur selten gestattet, die Grenze zur Schweiz zu übertreten. Nähere Informationen für betroffene Personen gibt es bei den zuständigen Konsulaten.[132] Da die Entscheidung für oder gegen eine Erlaubnis des Grenzübertritts vom Einzelfall abhängt, möchte ich hier keine weiteren Angaben machen.

Angehörige der EU und des Europäischen Wirtschaftsraumes (EFTA), also auch der Schweiz, benötigen kein Visum zur Einreise nach Deutschland. Angehörig von Nicht-EU-Staaten benötigen grundsätzlich ein Visum, mit Ausnahmen der Staaten, der die EU die Visumpflicht erlassen hat, wie zum Beispiel Andorra, Argentinien, Australien, Belgien, Hongkong, Israel, Kanada, Südkorea, Neuseeland, USA und UK. Pro Halbjahr dürfen sich BesucherInnen in Deutschland bis zu drei Monaten aufhalten.[133] Nicht-EU-AusländerInnen, die in der Schweiz innerhalb einer festgelegten Grenzzone wohnen, können mit einer Grenzkarte die Grenze beliebig oft überschreiten und, sofern sie sich innerhalb der in Deutschland festgelegten Grenzzone aufhalten, bis zu drei Tage dort verweilen.[134]

---

[129] vgl. „Merkblatt für die Einreise in die Schweiz“ vom Eidgenössischen Justiz- und Polizeidepartement, siehe Anhang
[130] Europäischer Wirtschaftsraum
[131] vgl. www.eda.admin.ch/germany_all/g/home/visa/foreng/entry.html, Stand 19.9.2005
[132] vgl. www.eda.admin.ch/germany_all/g/home/visa/foreng/faq.html, Stand 19.9.2005
[133] www.auswaertiges-amt.de/www/de/willkommen/einreisebestimmungen/liste_html, Stand 19.9.2005
[134] vgl. Leitfaden zur Personenfreizügigkeit, 2. Auflage, 2002

AusländerInnen mit Aufenthaltsbewilligung, Niederlassungsbewilligung oder Kurzaufenthaltsbewilligung und AusländerInnen die mit einem Schweizer oder EU-Bürger verheiratet sind, können grundsätzlich ein Visum für Deutschland erhalten. Bei Asylbewerbern und vorläufig aus völkerrechtlichen oder gefährdenden Gründen aufgenommen Personen entscheidet die deutsche Botschaft in Genf im Einzelfall.[135]

4.4.4 Zollbestimmungen

Warenverkehr

Beim Grenzübertritt müssen bestimmte Ein- und Ausfuhrregeln beachtet werden.

In die Schweiz darf nur ein halbes Kilo Rind, Kalb, Schwein oder Schaf abgabenfrei eingeführt werden. Überschreitet man dieses Limit werden pro Kilo darüber hinaus 20 CHF Zollabgaben fällig. Nahrungsmittel für den privaten Gebrauch sind bis zu einer Wertfreigrenze von 300 CHF erlaubt. Der Zollansatz für Milchprodukte zum Beispiel beträgt 3 CHF pro Kilo überm Limit.

Zwei Liter Alkoholische Getränke bis zu 15% Alkohol sind abgabenfrei, bei Getränken über 15% Alkohol darf pro Tag nur ein Liter eingeführt werden.

Die Mehrwertsteuer liegt in der Schweiz bei 7,6% des Warenwerts.[136] In Deutschland liegt sie bei 16%. Schweizer Bürger haben die Möglichkeit die Differenz zur Schweizer Steuer wieder zurück zu fordern. Dazu wird beim Bezahlen an der Kasse vom Geschäft ein Ausfuhrschein ausgefüllt, der beim Zoll quittiert werden muss. Beim nächsten Einkauf bekommen die Schweizer Kunden dann die mehrwertsteuer zurück erstattet.

In Deutschland darf man ab einem Alter von siebzehn Jahren 200 Zigaretten, 100 Zigarillos, 50 Zigarren oder 250g Tabak einführen. Ebenso sind ab diesem Alter ein Liter Spirituosen mit 22% vol, zwei Liter alkoholische Getränke mit einen Alkoholgehalt bis zu 22 %, Schaum- oder Likörweine oder nichtschäumende Weine erlaubt.

---

[135] vgl. Merkblatt der Botschaft der BRD, Bern

[136] vgl. Zoll-Info des Schweizer Zolls

Ab 15 Jahren dürfen 500g Röst- oder 200g löslicher Kaffee eingeführt werden. Treibstoff ist auf den Inhalt des Hauptbehälters des Fahrzeugs plus zehn Liter in Reservekanistern gestattet.[137]
Andere Waren sind bis zu einem Betrag von 175 € abgabenfrei.

Eingeschränkte Reisefreigrenzen gelten für Bewohner einer grenznahen Gemeinde zur Schweiz, die nicht mehr als fünfzehn km von der Grenze entfernt ist und deren Reise nicht über fünfzehn km von der Grenze hinaus geht. Es dürfen nur 40 Zigratten, 20 Zigarillos, 10 Zigarren oder 50 g Tabak, 50 g Röst- oder 20g löslicher Kaffee eingeführt werden. Andere Waren dürfen nur bis zu einer Freigrenze bis zu 30,68 € eingeführt werden. Davon dürfen nicht mehr als 10,23 € auf Lebensmittel des täglichen Bedarfs entfallen.[138]

Aus- und Wiedereinfuhr von Waren

Für die Aus- und Wiedereinfuhr von Waren aus Deutschland und der Schweiz gibt es spezielle Regelungen. Angenommen eine deutsche Band möchte an einem Konzert in der Schweiz auftreten oder ein Schweizer Künstler möchte in Deutschland ausstellen, werden diese Regelungen relevant. Möchte man Waren aus Deutschland aus- und später wieder einführen muss man belegen, dass es sich um die selben Waren handelt. In das Auskunftsblatt „Rückwarenregelung INF3", das bei allen deutschen Zollstellen kostenlos beantragt werden kann, müssen laut Internetrecherche alle Waren eingetragen und genau beschrieben werden. So kann eine problemlose Aus- und Einfuhr garantiert werden. In der Regel werden auf diese Waren keine Einfuhrumsatz- oder Verbrauchersteuer erhoben.[139]

In der Schweiz gilt folgendes: Gebrauchte Musikinstrumente, Beschallungs- und Beleuchtungsanlagen für Konzerte, die von KünstlerInnen persönlich aus- oder eingeführt werden können ohne weitere Zollformalitäten vorübergehend mit über die Grenze genommen werden. Dabei ist zu beachten, dass

---

[137] vgl. Broschüre „Reisezeit – Ihr Weg durch den Zoll", Bundesministerium der Finanzen, 2003, S.25
[138] vgl.ebenda, S.30
[139] vgl. www.zoll.de/b0_zoll_und_steuern/a0_freier/verkehr/d0_zollfr_vzb/b1_befr_gemrecht/b0_rueckwaren/, Stand 19.9.2005

eine detaillierte Inventarliste des Materials beim Grenzübertritt vorzulegen ist.[140] Generell gilt laut einem Schweizer Zollbeamten, dass Berufsausrüstung nicht verzollt werden muss.

Gegenstände für Ausstellungen und Messen können ebenfalls ohne Erhebung von Abgaben zum Grenzübertritt zugelassen werden. Der Schweizer Zoll empfiehlt hier die Verwendung eines „Carnet ATA“, ein internationales Dokument für Waren zur vorübergehenden Verwendung, das ermöglicht, die schweizerischen und auch die Zollformalitäten in 60 andere Ländern mit einem Formular zu erledigen.[141] Es müssen keine Einfuhrabgaben am Zoll hinterlegt werden. Das „Carnet ATA“ ist ein Jahr gültig und kostet bei einem Warenwert bis zu 9.999,99 € 20 € Kautionsversicherung, 13,80 € Ausstellungsgebühr für eingetragene Unternehmen und Körperschaften des öffentlichen Rechts plus 2,30 € für die Formulare.[142] Somit ist dieses Formular meines Erachtens nur sinnvoll, wenn es sich um hohe Warenbeträge handelt beziehungsweise diese die Grenze mehrmals im Jahr überschreiten sollen.
Als Beispiel sind hier die Bilder eines Künstlers anzuführen, die im Rahmen einer Veranstaltung im Ausland ausgestellt werden sollen. Das „Carnet ATA“ gilt auch bei der Aus- und Wiedereinfuhr von Waren aus Deutschland und kann bei den Industrie- und Handelskammern bezogen werden. Bei allen Anträgen ist die Bearbeitungszeit und gegebenenfalls die Zeit einer Überprüfung an der Grenze zu berücksichtigen. Die Zollämter sind des weiteren berechtigt, ja nach Wert der ein- beziehungsweise auszuführenden Waren eine Sicherheit in Bar zu verlangen .Bei einem Gespräch mit dem deutschen Zoll in Rheinheim wurde mir diese Praxis bestätigt. Ein Schweizer Zollbeamte gab mir einen Satz von 6% des Warenwertes an, der in der Regel als eine Art Pfand eingefordert wird, wenn Waren in die Schweiz ein- und wieder ausgeführt werden sollen.

Beim deutschen Zoll erfuhr ich zur Einrichtung eines grenzüberschreitenden Shuttle-Busses für eine Veranstaltung, dass ein ausländisches Busunternehmen, das in Deutschland einreisen will auf jeden Fall eine Personenbe-

[140] vgl. www.zoll.admin.ch/d/private/rv/musikinstrumente.php, Stand 19.9.2005
[141] vgl. www.zoll.admin.ch/d/private/rv/messen.php, Stand 19.9.2005
[142] vgl. Merkblatt der IHK Südwestsachsen

förderungssteuer bezahlen muss. Der Schweizer Grenzbeamte eröffnete mir die Möglichkeit, bei der Zolldirektion in Schaffhausen eine Bewilligung einzuholen. Auf jeden Fall sei gerade bei großen Veranstaltungen mit Jugendlichen damit zu rechnen, dass der Zoll den Bus wegen Verdacht auf illegale Drogen, beim Grenzübertritt durchsucht.

Vom deutschen Zollinfocenter erhielt ich die Angabe, dass im Falle eines solchen Open-Airs, für das Instrumente und Equipment und ein Shuttle-Bus aus dem Nachbarland benötigt werden, eine „vollständige Befreiung von den Einfuhrabgaben" bewilligt werden kann. Wichtig wäre jedoch eine frühzeitige Abklärung des Sachverhalts bei den zuständigen Grenzzollstellen, da diesen „die abschließende Entscheidung über die Gewährung der Abgabefreiheit obliegt". Auf die Leistung einer Sicherheit in Form einer Barzahlung werde hier in der Regel verzichtet.[143]

Erfahrungen von JugendarbeiterInnen

Von einer Mitveranstalterin eines grenzüberschreitenden Open-Airs wurde ich darauf aufmerksam gemacht, dass die Einrichtung eines Shuttle-Busses, der deutsche und SchweizerInnen zum Open-Air bringen soll und somit die Grenze überqueren muss, problematisch werden kann. Bei jeder Grenzüberquerung wurde der Bus durchsucht. Wie mir ein Betroffener berichten konnte, mussten für eine Musikanlage, die nach Deutschland eingeführt werden sollte, 500€ Kaution hinterlegt werden.

Unklarheiten

Es ergeben sich Widersprüche zwischen den Angaben der Zollbehörden, den Ergebnissen meiner Recherche in den Zolbestimmungen und den Erfahrungen von JugendarbeiterInnen. Zuständigkeiten scheinen unklar zu sein. Ich wurde mehrmals von einer Stelle zur anderen und wieder zurück verwiesen. Nachfragen zur Ein- und Ausfuhr von Waren bei verschiedenen Zollbeamten und Zollbehörden ergab ein recht unklares Bild der rechtlichen Lage, möglicherweise, weil die rechtlichen Bestimmungen sich relativ schnell ändern.

---

[143] Informationen des deutschen Zollinfocenters

Ist die Musikanlage, die angemietet wird, um ein gemeinnütziges Open-Air zu veranstalten, Berufsausrüstung, und somit nicht zu verzollen? Muss für Waren mit höherem Wert eine Kaution hinterlegt werden?
Wichtig ist es hier meines Erachtens, sich frühzeitig bei den zuständigen Zollbehörden kundig zu machen und dies möglichst auch mit dem Zoll an dem die Waren die Grenze übertreten sollen, abzustimmen, damit es bei einer Veranstaltung nicht zu unnötigen Ungereimtheiten kommt.

4.5 Kultur am Hochrhein

In Kapitel 4.2 Geschichte des Hochrheins habe ich erwähnt, dass zumindest Teile der Hochrheinregion bis Anfang des neunzehnten Jahrhunderts nicht durch eine Landesgrenze getrennt waren. Die ursprünglichen Wurzeln der Menschen sind die gleichen. Erkennbar ist das heute noch an der Ähnlichkeit der Dialekte. Die Schweizer Mundart ist dem Alemannisch der alteingesessenen BewohnerInnen des Hochrheins nur allzu ähnlich. Die Menschen verstehen sich. Trotzdem sind auch einige kulturelle Unterschiede erkennbar, die sich in den verschiedensten Bereichen niederschlagen. Im Folgenden thematisiere ich die kulturellen Unterschiede und die Gemeinsamkeiten der Menschen am Hochrhein.
Ich verweise hier auch auf das Kapitel der Interkulturellen Jugendarbeit (3.4), in dem ich ausführe, dass Kulturen keine in sich abgeschlossenen Gebilde sind, sondern sich mit anderen überschneiden, vermischen und sich in einem ständigen Prozess befinden.

Die Schweiz ist kein Land mit Einheitskultur.[144] Die Kultur der Schweiz ist beeinflusst vom deutschen, französischen, italienischen und rätoromanischen Sprachraum innerhalb und außerhalb. Die Kulturstiftung Pro Helvetia hat sich zur Aufgabe gemacht, den Austausch der Kulturgüter zwischen den verschiedenen Sprachgebieten zu fördern.[145]

Auch in Deutschland kann man nicht von einer einzigen Kultur sprechen. Erkennbar ist dies an verschiedenen Dialekten. Die Niederbayern verstehen die

[144] vgl. Weckerle in Kreis, 1998, S.28
[145] vgl. Bundesgesetz betreffend die Stiftung „Pro Helvetia“ Art.2c., 1965

Ostfriesen nicht und die Sachsen können sich kaum mit Menschen aus Südbaden verständigen. Des weiteren schlagen sich die verschiedenen Kulturen in Bräuchen nieder. Beispielsweise sieht die „Alemannische Fasnacht" in Süddeutschland ganz anders aus, als der „Kölner Karneval". Auch die Essgewohnheiten der Deutschen sind sehr unterschiedlich. In Schwaben werden „Käsespätzle" aufgetischt an der Nordseeküste gibt es „Labskaus" oder „Fischbrötchen".

4.5.1 Verschiedene Kulturstandards

In einem Vergleich der Kulturstandards von Deutschland, Österreich und der Schweiz stellt Rudolf Muhr fest, dass deutsche Sprache nicht gleich deutsche Kultur bedeutet, auch wenn die Kulturstandards an der kommunikativen Oberfläche oft als die gleichen erscheinen. Es bestehen gewisse Ähnlichkeiten zwischen den deutschsprachigen Kulturen, sie sind jedoch nationale Varianten.[146]

Muhr fand heraus, dass 38% der Schweizer sehr stolz auf ihr Land sind. In Deutschland sind dies nur 21% der Befragten. In der Schweiz ist die Bevölkerung vor allem stolz auf ihre Nation, die Lebensqualität, die Demokratie, die Neutralität und die Schönheit des Landes. Deutsche sind stolz auf ihre Verfassung und den Wirtschaftserfolg. Der deutsche Patriotismus ist eher „nüchtern" und bescheiden. Weit verbreitet ist der Ausspruch: „Es ist ein Zufall in einem Land geboren worden zu sein. Wie kann ich stolz auf einen Zufall sein?"
Diesen Unterschied führt Muhr auf die geschichtliche Vergangenheit des Nationalsozialismus zurück.[147]

Der deutsche Nationsbegriff ist laut Muhr ein „Sprach- und Kulturnationsbegriff". Die Kultur in Deutschland ist an die deutsche Sprache gebunden. Da die Schweiz ein viersprachiges Land und die Multikulturalität in ihrer Verfassung verankert ist, findet der Schweizer seine Identität in der Summe aller sprachlichen Gruppen oder in einer einzelnen Sprachgruppe. Die Schweiz hat, so

---

[146] vgl. Muhr in Wierlacher/Stötzel, 1996, S.744
[147] vgl. Muhr in Wierlacher/Stötzel, 1996, S.748f.

Muhr einen „ethnischen und multinationale(n) Nationsbegriff".[148] Meines Erachtens schlägt sich dies zum Beispiel in der Ausländerpolitik nieder. Die Schweiz hat sich schon lange vor Deutschland als Nation mit verschiedenen Kulturen verstanden, Deutschland hat noch immer nicht akzeptiert, dass es ein Einwanderungsland ist.

4.5.2 Sprache, Dialekt und Mundart

Interessant ist die Entwicklung der Einstellung zu Sprache und Dialekt in Deutschland und der Schweiz. Schon seit Beginn der Auseinandersetzung mit Dialekten standen sich die „natürliche", „ursprüngliche", „echte" Dialektsprache und die „künstliche", „normierte" Hochsprache gegenüber. In den sechziger Jahren wurde in Deutschland oft von der „Sprachbarriere" gesprochen, die dem Dialekt sprechenden Chancengleichheit und sozialen Aufstieg verwehrte. Diese Diskussionen prägten auch künstlerische Produktionen, die dann ein erstes Signal zur Dialektrenaissance gaben. Mundart wurde in Theater, Literatur und Musik wieder populär. In den siebziger Jahren wurde das deutsche Bildungssystem ausgebaut, was zu einer Vergrößerung der Mittelschicht führte. Hier wirkte der Dialekt wiederum als Barriere zur Mittelschicht. Aus diesem Grund, begannen die Menschen während ihres Aufstieges Hochdeutsch zu sprechen. Hatten sie sich in den gewünschten Positionen etabliert, konnten sie sich den Dialekt wieder erlauben. Als Protestsprache fungierte der Dialekt vielfach beim Aufbegehren gegen den Bau von Kernkraftwerken oder Chemiewerken in ländlichen Gegenden. Hier erzeugte die gemeinsame Sprachvariante Solidarität und ein Gefühl des Einstehens für die Heimat.
Ulrich Ammon konnte nachweisen, dass in Deutschland Dialekt vor allem in den Schichten mit einfachem Bildungsniveau und kleinem Einkommen und im ländlichen Raum gesprochen wird.[149]

Auch in der Schweiz entstanden in den siebziger Jahren Debatten um die „Sprachbarrieren" des Dialekts. Trotzdem konnte sich der Dialekt halten. Hochdeutsch wird für die meisten SchweizerInnen als erste Fremdsprache

---

[148] vgl. Muhr in Wierlacher/Stötzel, 1996, S. 751
[149] vgl. Probst-Effah in Noll/Schepping (Hrsg.), 1992, S.1ff.

4.6.2 Einrichtungen der Offenen Jugendarbeit in grenznahen deutschen Gemeinden[155]

Gemeinde/Stadt	**Einrichtung**	**Einwohner**	**Jugendliche**
15 Stühlingen	X	5.278	1.119
14 Eggingen	X	1.758	372
13 Lottsetten	X	2.159	457
12 Jestetten	X	5.236	1.110
11 Dettighofen	X	1.060	224
10 Klettgau	X	7.367	1.562
9 Hohentengen	X	3.556	754
8 Küssaberg	Jugendclub in Rheinheim	5.501	1.166
7 Waldshut-Tiengen	Eingeschränktes Angebot des Jugendcafes (keine Offene Tür) Jugendzentrum	22.489	4.769
6 Dogern	X	2.351	498
5 Albbruck	X	7.474	1.585
4 Laufenburg	Jugendraum	8.418	1.785
3 Murg	X	6.901	1.463
2 Bad Säckingen	Jugendzentrum	16.479	3.495
1Wehr	Jugendzentrum	13.113	2.781
Gesamt		109.140	Ca.21,21% 23.149

155 Angaben zu Einwohnerzahlen von 2003, Statistisches Jahrbuch 2004 Landkreis Waldshut. Die Zahl der Jugendlichen ergab sich aus dem durchschnittlichen Prozentsatz von 21,21. Angaben zu den Einrichtungen aus dem Arbeitskreis JugendpfleregerInnen des Landkreis Waldshut, Stand Juni 2004

4.6.3 Einrichtungen der Offenen Jugendarbeit in den grenznahen Schweizer Gemeinden[156]

Gemeinde	Einrichtung	Einw	Ki/Ju unter 18
52 Schleitheim	Jugendclub	1.765	406
51 Oberhallau	X	400	92
50 Hallau	X	2.029	467
44 Neuhausen	Jugendtreff (3x pro Woche)	10.089	2.324
39 Hüntwangen	Jugendtreff (2x pro Woche)	850	195
41 Rafz	X, aber in Planung	3432	790
40 Wil(ZH)	X	1.274	293
38 Wasterkingen	X	583	134
45 Guntmadingen		253	58
48 Wilchingen	Jugendtreff Ventil (Fr/Sa Abend)	1.300	299
47 Osterfingen	X	380	87
46 Neunkirch	X	1.754	404
49 Trasadingen	X	554	127
43 Dachsen	Mobile Jugendarbeit der Jugendarbeit Weinland	1.644	378
42 Rheinau	Mobile Jugendarbeit der Jugendarbeit Weinland	1330	349
36 Kaiserstuhl	Wäschhüsli	443	102
35 Fisibach	X	391	98
34 Rümikon	X	228	20
33 Mellikon	Jugendraum für	239	57

[156] Alle Angaben von den jeweiligen Gemeindekanzleien
15 Gemeinden machten genaue Angaben zur Anzahl der Kinder und Jugendlichen unter 18 Jahren, es ergab sich daraus ein durchschnittlicher Prozentsatz von 23,04, den ich auf alle Gemeinden anwendete, deren Angaben mir fehlten.

	SchülerInnen ab der 5. Klasse		
32 Rekingen	Jugendraum für OberstufenschülerInnen	1.001	30
31 Zurzach	Im Hut (kath. Kirchengemeinde) Höfli (VJAZ)	3.988	790
30 Rietheim	Momentan geschlossen wegen Umbau	674	206
29 Koblenz	X	1.614	403
28 Full	X	828	190
27 Leibstadt	Jugendtreff Virus	1.340	308
25 Schwaderloch	X	673	163
26 Wil (AG)	X	688	158
24 Etzgen	X	387	99
23 Sulz	In Planung, Kirchengemeinde	1.150	264
22 Laufenburg	Jugendtreff Luna	1.000	230
21 Kaisten	Jugendtreff ab 09/04 Jugendforum für ehemalige SchülerInnen	2.152	481
20 Sisseln	Jugendclub privat	1.317	362
19 Stein	X	2.508	577
18 Mumpf	X	1.084	249
17 Wallbach	Jugendtreff der röm.kath. Kirche (kleine Gruppe)	1.592	355
16 Möhlin	Offene Jugendarbeit für OberstufenschülerInnen und Ehemalige	8.700	2.004
Gesamt		**59.607**	**Ca. 23% 13.709**

Die Unterrepräsentation von Jugendfreizeitstätten im östlichen teil der Grenzregion ist gut erkennbar.
Die allgemeine Abdeckung des Schweizer Gebietes ist besser als in Deutschland, was wahrscheinlich vor allem daran liegt, dass die Schweizer Gemeinden weitaus kleiner sind und trotzdem Einrichtungen geschaffen haben. Somit ergeben sich eher kleine Treffpunkte für Jugendliche, die für sie jedoch gut erreichbar sind, da sie sich entweder am Heimatort oder maximal zwei Ortschaften weiter befinden.
Fünf deutschen Jugendeinrichtungen stehen sechzehn in der Schweizer Grenzregion gegenüber.

Resümee
Einrichtungen sind für Jugendliche überall gut zu Fuß oder mit dem Fahrrad erreichbar, da sich entweder auf deutscher, auf Schweizer oder auf beiden Seiten Einrichtungen befinden. Ausnahmen finden wir in den deutschen Gemeinden Albbruck (Nr.5 auf der Karte) und den Schweizer Gemeinden Etzgen (24) und Schwaderloch (25). In den deutschen Gemeinden Dettighofen (11) und Lottstetten (13) und den Schweizer Gemeinden Rafz (41) und Rheinau (42) und im deutschen Eggingen (14) und im Schweizer Oberhallau (51). Hier wird deutlich wo noch Bedarf besteht an Einrichtungen der Offenen Jugendarbeit.
Auf der Karte gut erkennbar ist die höhere Dichte der Jugendeinrichtungen auf Schweizer Seite.

Explizit anbieten würde sich die Grenzüberschreitende Jugendarbeit vor allem für die östlich gelegenen Gemeinden des Landkreis Waldshut und ihre Schweizer Nachbargemeinden. Wo es auf deutscher Seite gar keine Einrichtungen gibt, bestehen auf Schweizer Seite zumindest vier, die durch eine Kooperation gestärkt und auch für Deutsche nutzbar gemacht werden könnten.

4.6.4 Grenzüberschreitende Projekte

Grenzüberschreitende Offene Jugendarbeit der Region Laufenburg

Die Region Laufenburg umfasst die beiden Städte Laufenburg in Deutschland (4) und in der Schweiz (22), die deutschen Ortsteile Laufenburgs und die Schweizer Gemeinden Kaisten (21), Sisseln (20), Sulz (23), Schwaderloch (25) und Frick (nicht auf der Karte).[157] Im Jahr 2001 setzten die beiden Städte Laufenburg einen grenzüberschreitenden Jugendausschuss ein, der auf Grund der besonderen geographischen Gegebenheiten grenzüberschreitend Jugendarbeit betreiben soll. Im Jugendausschuss sind Vertreter der politischen und evangelischen (Kirchen-) Gemeinden beider Laufenburg und der Jugendarbeiter Balder Wentzel vertreten.[158] Dieses Gremium hat den Auftrag, die Offene Jugendarbeit zu fördern, ihre Rahmenbedingungen zu gestalten, unterstützender Ansprechpartner für den Jugendarbeiter zu sein und bei Konflikten als Vermittler zu fungieren.[159] Finanziert wird dieses anfangs nur für drei Jahre geplante Modellprojekt, das nun unbefristet weiter laufen wird, von oben genannten Gemeinden, durch Beiträge der Schweizer Gemeinden Kaisten und Frick, durch den Landkreis Waldshut, den Erlös aus Verkäufen von Verpflegung in den Jugendtreffs und durch unregelmäßige Spenden und Sponsoren.[160] Eine Anschubfinanzierung gab es durch die Hochrheinkommission, die grenzüberschreitende Projekte fördert. Der Jugendausschuss hat eine „Konzeption zur grenzüberschreitenden Offenen Jugendarbeit der Region Laufenburg (Schweiz/Deutschland) erstellt, die der Jugendarbeiter regelmäßig evaluiert und fort schreibt.

Die Offene Jugendarbeit in Laufenburg basiert auf dem grenzüberschreitenden Gedanken und möchte „den Kontakt zwischen Mädchen und Jungen beidseits des Rheins..." fördern, was durch Laufenburgs geographische Lage lange Tradition hat. Auf beiden Seiten des Rheins gibt es nun für die Jugendlichen je einen Jugendtreff und es werden gezielt grenzüberschreitende Angebote und Veranstaltungen organisiert. Zu den beiden Jugendtreffs gehört je

---

[157] vgl. Wentzel, 2002, unveröffentlicht, S.3
[158] vgl. Grenzüberschreitender Jugendausschuss CH und D-Laufenburg, 2004, unveröffentlicht
[159] vgl. Wentzel, 2002, unveröffentlicht. S.3
[160] Grenzüberschreitender Jugendausschuss CH und D-Laufenburg, 2004, unveröffentlicht

ein Jugendteam, das idealerweise aus deutschen und Schweizer, männlichen und weiblichen Jugendlichen zu gleichen Teilen besteht und in Planung und Organisation des Jugendtreffs mit einbezogen wird.

Zielgruppe der Aktivitäten sind Jugendliche im Alter von 13 bis 19 Jahren aus der Region Laufenburg. Angebote der Laufenburger Jugendarbeit sind beispielsweise Tanzwettbewerbe, Theater, Malworkshops, Hilfsaktionen für bedürftige Menschen, Diskussionsrunden, Spielangebote, sportliche Aktivitäten, Ausflüge und natürlich der Offene Treff. [161]

In einem Gespräch mit dem Laufenburger Jugendarbeiter Balder Wentzel konnte er von vielen neuen und enger gewordenen Kontakten zwischen deutschen und Schweizer Jugendlichen berichten. Vorurteile haben sich abgebaut und es entstand ein „gutes Miteinander". Der Schweizer Jugendtreff wird von deutschen, wie von Schweizer Jugendlichen rege frequentiert. Dass der deutsche Jugendtreff etwas weniger genutzt wird, liegt an seinen beschränkten Räumlichkeiten. Herr Wentzel betont, dass die Grenzüberschreitende Jugendarbeit auch Interkulturelle Jugendarbeit ist, und dies nicht nur, weil sich deutsche, Schweizer und ausländische Jugendliche treffen. Er berichtet davon, dass selbst ausländische Jugendliche mit gleicher Herkunft, der eine in Deutschland und der andere in der Schweiz aufgewachsen, sich in vielen Dingen unterscheiden. In der Schweiz scheint die Integration etwas schneller voran zu gehen, als in Deutschland und natürlich erlernen MigrantInnen in der Schweiz auch Mundart.

Probleme gab es anfangs beim Zoll. Als Grenzüberschreitender Jugendarbeiter überquert man die Grenze meist mehrmals am Tag. Trotzdem bekam Herr Wentzel nur eine kleine Grenzgängerbewilligung, die für 120 Tage pro Jahr gilt. Seitdem der Jugendarbeiter den Zöllnern in Laufenburg jedoch bekannt ist, wird er kaum mehr kontrolliert. Schwierige Situationen gab es schon bei der Ein- und Ausfuhr von einer Musikanlage – es mussten 500€ hinterlegt werden – oder wenn für den Schweizer Jugendtreff etwas in Deutschland angeschafft wurde. So wurde für den deutschen Kicker-Tisch, der nun in der

[161] vgl. Wentzel, 2002, unveröffentlicht, S.4

Schweiz steht eine Art Pfand gezahlt. Weiterhin war es anfangs für die Jugendlichen oft unangenehm, wenn sie beim Grenzübertritt durchsucht wurden. Dies habe sich jedoch gelegt, seit den Beamten ihre Gesichter etwas bekannter sind. Ein Problem das leider nicht lösbar war ist, dass Jugendliche mit Asylstatus in der Schweiz nicht nach Deutschland einreisen dürfen und so von bestimmten Aktivitäten ausgeschlossen sind. Eine weitere Besonderheit für den Jugendarbeiter ist, dass er immer zwei verschiedene Währungen zur Hand haben muss und sich die Buchführung in zwei verschiedenen Währungen recht kompliziert gestaltet. Auch viele Jugendliche haben immer Euros und Schweizer Franken in der Tasche, in den Treffs kann man natürlich mit beiden Währungen zahlen.[162]

Die Resonanz der Jugendlichen zu beiden Jugendtreffs ist durchweg positiv. Auch stellten sie selbst fest, dass sie die SchweizerInnen „am Anfang etwas eingebildet" fanden, aber bei näherem Kennenlernen sich Freundschaften gebildet haben. Ihrer Meinung nach haben sich die Kontakte auf jeden Fall verstärkt und die Veranstaltungen, die sie gemeinsamen mit Hilfe von Balder Wentzel organisiert haben waren für sie ein voller Erfolg.[163]

Grenzüberschreitendes Open-Air „Soundflecke"

Schweizer Jugendliche hatten im Frühjahr 2003 erstmals die Idee, ein in Zurzach (CH) (31) etabliertes dreitägiges Open-Air, gemeinsam mit deutschen Jugendlichen zu veranstalten. Die benachbarte Jugendarbeit wurde angefragt und so entstand ein Organisationskomitee aus Schweizer Jugendlichen der beiden Jugendzentren in Zurzach und Jugendlichen der Gemeindejugendarbeit in Küssaberg (8). Als klar wurde, dass das Open-Air nicht in Zurzach statt finden könne, entschied sich das Komitee für die Küssaburg auf deutscher Seite, etwa fünf Kilometer von der Grenze entfernt. Finanziert wurde das Open-Air durch Sponsoren, die Hochrheinkommission und die Oberrheinkonferenz.

In verschiedenen Ressorts, beispielsweise zu Finanzen und Aufbau, arbeiteten deutsche und Schweizer Jugendliche eng zusammen. In Sitzungen mit

[162] aus einem Interview mit Balder Wentzel
[163] vgl. Wentzel, Interview mit Jugendlichen, 2003, unveröffentlicht

den JugendarbeiterInnen wurden Ergebnisse zusammen getragen und Entscheidungen getroffen. Sehr arbeitsintensiv wurde durch die Grenzüberschreitung die Organisation eines Shuttle-Busses, die Information bei den Zollbehörden und das Austarieren des Preisniveaus von Eintritt und Konsumgütern beim Open-Air.

Das Programm wurde von Bands aus Deutschland und der Schweiz gestaltet, außerdem umrahmten verschiedene Kleinkünstler die drei Tage.
Die beteiligten Jugendlichen bewerteten die Durchführung des Open-Airs durchweg positiv. Das Open-Air für 2004 ist bereits in Planung.[164]

Erste Grenzüberschreitende Fachtagung „Jugendarbeit am Hochrhein"[165]
Am 2. März 2004 fand im Landratsamt Waldshut eine Fachtagung zum Thema der Grenzüberschreitenden Offenen Jugendarbeit statt. Primär wurden JugendarbeiterInnen aus den Kantonen Aargau und Schaffhausen und aus dem Landkreisen Waldshut und Lörrach angesprochen. Organisiert wurde diese Veranstaltung von zwei Jugendarbeitern aus Zurzach und Baden in der Schweiz, dem Kinder- und Jugendreferat des Landkreis Waldshut und mir als Studentin der Fachhochschule Mannheim und ehemalige Praktikantin bei zwei der organisierende Parteien. Finanziert wurde die Tagung durch die „Vereinigung Aargauischer Jugendseelsorger/innen", die „Arbeitsgemeinschaft der Jugendarbeiter/innen des Kanton Aargau" und dem Landkreis Waldshut. Außerdem stellte die Agentur Hochrhein Fördergelder zur Verfügung.

Ziel der Veranstaltung war „Kontakte und fachlichen Austausch zwischen kommunalen und kirchlichen JugendarbeiterInnen aus Deutschland und der Schweiz über die Grenze hinweg herzustellen". Außerdem sollten konkrete grenzüberschreitende Projektideen entstehen. Zwei Input-Referate erleichterten den Einstieg ins Thema. In Workshops arbeiteten die TeilnehmerInnen an verschiedenen Aspekten der grenzüberschreitenden Zusammenarbeit und knüpften Kontakte ins Nachbarland. Unterschiede und Gemeinsamkeiten,

[164] aus einem Gespräch mit der Jugendarbeiterin der Gemeinde Küssaberg Angela Hohlfeld
[165] vgl. Aargauer Zeitung, 3.3.2004

Trennendes und Anknüpfpunkte wurden ausgemacht. Informationen über durchgeführte grenzüberschreitende Projekte, Leitfäden aus der Offenen Jugendarbeit, Landesjugendpläne und ähnliches wurden bereit gestellt.

Mein persönliches Fazit aus der Tagung ist, dass das grundsätzliche Interesse an Grenzüberschreitenden Projekten gegeben ist, Ideen für Projekte sind vorhanden. Nun braucht es den Anstoß diese Durchzuführen. Bleibt zu hoffen, dass wir mit unserer Fachtagung einen Stein ins Rollen gebracht haben, der nicht, wie so viele, im Sande verläuft. Leider steht die Dokumentation und die Auswertung der Veranstaltung noch aus.

4.7 Die Bedeutung der Grenze für die Menschen am Hochrhein

In diesem Kapitel beleuchte ich, welche Rolle die Grenze in den Köpfen der Deutschen und SchweizerInnen spielt. Beginnen möchte ich mit Beispielen für die grenzüberschreitende Nachbarschaftsbeziehungen am Hochrhein, danach stelle ich mögliche Schlussfolgerungen aus Gesprächen mit sechs deutschen und Schweizer Jugendlichen vor, enden wird dieses Kapitel mit einer Pressanalyse und der Betrachtung zweier interessanter Pressartikel zur Beziehung zwischen Deutschland und der Schweiz.

4.7.1 Nachbarn am Hochrhein

In der Doppelstadt Laufenburg, die aus einer deutschen und einer Schweizer Gemeinde besteht, gibt es enge grenzüberschreitende Beziehungen, weil sie erst Anfang des neunzehnten Jahrhunderts geteilt wurde. Fasnacht und Fronleichnam werden zusammen gefeiert. Die Glocken der beiden Glockentürme sind aufeinander abgestimmt.[166] Schon lange gibt es eine grenzübergreifende Kulturkommission, 2001 wurde ein Jugendausschuss gegründet, der Grenzüberschreitende Jugendarbeit organisiert.
In Bad Säckingen, Klettgau und Hohentengen gibt es grenzüberschreitende Gemeinschaftskläranlagen für Deutschland und die Schweiz. Schweizer Kraftwerke versorgen Teile Waldshuts und es bestehen grenzüberschreiten-

[166] vgl. Lutz/Noe (Hrsg.), 1989, S.18

de Gasversorgungs-Verbünde.[167] Rheinbrücken werden gemeinschaftlich getragen und viele Bahnlinien sind grenzüberschreitend.
Für Südbaden wurde die Grenzlage bis in die achtziger Jahre hinein noch als problematisch betrachtet. Sie sollte auf Grund der peripheren Lage und historisch bedingter Entwicklungsdefizite „ eine unterentwickelte Problemzone bleiben". Im Hinblick auf den gemeinsamen Binnenmarkt durch die Bilateralen Verträge prognostizierten Experten jedoch einen überdurchschnittlichen Wachstumsschub.[168] Die Arbeitslosenquote lagen im Kreis Waldshut 10% unter dem Wert Baden-Württembergs[169], was sicherlich unter anderem auf die Nähe zur Schweiz und die damit verbundene Möglichkeit auch dort Arbeit zu finden zurück zu führen ist.
Viele SchweizerInnen kaufen in grenznahen Orten ein und bescheren den Einzelhändlern gute Umsätze. Ein Austausch zwischen Deutschen und SchweizerInnen findet demnach statt, was jedoch noch wenig zu den Einstellungen der Menschen zur Grenze und zu den Menschen jenseits der Grenze aussagt.

4.7.2 Ergebnisse der Umfrage unter deutschen und Schweizer Jugendlichen

Zum Thema der Grenzüberschreitenden Jugendarbeit führte ich eine kleine Umfrage mit sechs deutschen und sechs Schweizer Jugendlichen durch. Diese ist keineswegs repräsentativ, jedoch die jeweiligen Stimmungen in Bezug auf das Nachbarland und die Möglichkeit der Grenzüberschreitenden Jugendarbeit am Hochrhein werden angedeutet. Ich wählte die Form des standardisierten Interviews, wobei ich mich eng an einen selbst erstellten Fragebogen hielt. Bei der Auswahl der Befragten achtete ich darauf, dass Alter und Geschlecht gleich verteilt sind, aber auch dass der Anteil an Besuchern einer Jugendeinrichtung und an Jugendlichen, die keine Einrichtung der Offenen Jugendarbeit besuchen, im Gleichgewicht ist. Ihr Wohn- oder Schulort sollte sich möglichst an der Grenze befinden. Etwa die Hälfte der Befragten hat schon an grenzüberschreitenden Projekten zwischen Deutschland und der

[167] vgl. Lutz/Noe (Hrsg.), 1989, S.18
[168] vgl. Schweickert (Hrsg.), 1992, S.127
[169] vgl. Landratsamt Waldshut, Amt für Wirtschaftsförderung, 2004, S. 64

Schweiz teilgenommen. Die Tatsache, dass auf deutscher Seite nur deutsche Jugendliche, auf Schweizer Seite unter den sechs Jugendlichen vier MigrantInnen befragt wurden, war Zufall. Trotzdem spiegelt diese Verteilung den höheren MigrantInnenanteil in der Schweiz wieder.
Zu berücksichtigen ist mein persönlicher indirekter Einfluss auf die Befragten. Es ist anzunehmen, dass Schweizer Jugendliche vor einer deutschen Interviewerin sich nicht all zu schlecht über Deutschland äußern wollen und dass sich einige Jugendliche ihrer Vorurteile bewusst sind und diese nur ungern preisgeben. Trotz dieser Einschränkungen kam ich zu interessanten interpretierbaren Ergebnissen, die eine Tendenz der Beschäftigung mit dem jeweiligen Nachbarland und des Interesses an den Menschen, die dort leben, ergab.

Der Fragebogen

Die Jugendlichen wurden zunächst nach Alter, Geschlecht, momentan besuchte Schulart bzw. letztem Schulabschluss, Schulort, Wohnort und der Teilnahme an Grenzüberschreitenden Projekten befragt.
Nun befragte ich die Jugendlichen, ob sie im Nachbarland einkaufen oder in ihrer Freizeit dort hin gingen, ob sie Freunde im Nachbarland hätten und ob sie dort Jugendeinrichtungen kennen würden.
Zentrale Fragen waren, ob die Jugendlichen die Zahl der bestehenden Jugendeinrichtungen in ihrer Region als ausreichend einschätzten und ob sie Interesse hätten eine Jugendeinrichtung im Nachbarland zu besuchen oder an Grenzüberschreitenden Projekten teil zu nehmen.
Die Jugendlichen sollten ihre Antworten nach Möglichkeit begründen.
Am Ende wurden Vorurteile übers Nachbarland abgefragt. Die Jugendlichen sollten darlegen, was sie am Nachbarland positiv und was negativ empfinden. Außerdem fragte ich ab, welche Unterschiede die Jugendlichen zwischen Deutschen und Schweizern, Deutschland und der Schweiz sahen.

Es bestehen Kontakte zwischen deutschen und Schweizer Jugendlichen

Je vier von sechs deutschen beziehungsweise Schweizer Jugendlichen geben an, FreundInnen und KollegInnen[170] im jeweiligen Nachbarland zu ha-

[170] In der Schweiz wird für Freunde der Begriff KollegInnen benutzt.

ben. Es existieren also schon Kontakte, an die man in der Grenzüberschreitenden Offenen Jugendarbeit anknüpfen könnte. Dies bestätigt mich außerdem in der Annahme eines grundsätzlichen Interesses an grenzüberschreitenden Kontakten.

Auf deutscher Seite besteht ein hoher Bedarf an mehr Einrichtungen der Offenen Jugendarbeit

Alle befragten deutschen Jugendlichen beklagen einen Mangel an Einrichtungen für Jugendliche. Sogar ein Schweizer Jugendlicher, der keine näheren Bekannten in Deutschland hat, gibt an, dass es in Deutschland weniger Jugendeinrichtungen gäbe als in der Schweiz. In der Schweiz erleben nur zwei von sechs Jugendlichen das Angebot der Jugendeinrichtungen als nicht ausreichend.

Diese Aussagen spiegeln sich in meiner Analyse der Jugendeinrichtungen wider. In der Schweiz wie in Deutschland betreibt fast jede Gemeinde eine Jugendeinrichtung. Der große Unterschied ist, dass die deutschen Gemeinden oft mehrere Ortsteile umfasst, die bis zu zehn Kilometer auseinander liegen. In der Schweiz wurden bis auf eine Ausnahme keine Ortschaften zusammengelegt und somit ergibt sich für die Schweizer Hochrheinregion eine höhere Dichte an Jugendeinrichtungen. [171]

Nur wenige Jugendliche kennen Einrichtungen im Nachbarland

Je zwei von sechs deutschen oder Schweizer Jugendlichen gaben an, Jugendeinrichtungen im Nachbarland zu kennen. Daraus lässt sich schließen, dass die grenzüberschreitenden Kontakte eher im privaten oder kommerziellen Bereich stattfinden. Man trifft sich auf privaten oder kommerziellen Partys und in der Kneipe. Grenzüberschreitende Öffentlichkeitsarbeit ist den Jugendeinrichtungen am Hochrhein bisher fremd. Selbst aktiv zu werden und nach Jugendeinrichtungen im Nachbarland zu suchen, ist für die meisten Jugendlichen eine große Hürde.

---

[171] vgl. 4.6 Einrichtungen der Offenen Jugendarbeit am Hochrhein

Schweizer Jugendliche setzen sich mit ihrer Einstellung zu Deutschen aktiv auseinander

In drei offenen Fragen zu Positivem und Negativem des Nachbarlandes und seiner BewohnerInnen und zu Unterschieden von Deutschland und der Schweiz konnten die Schweizer Jugendlichen weitaus mehr und differenziertere Aussagen machen, als die Deutschen. Es wurde deutlich, dass sich die Schweizer mit dieser Thematik mehr auseinandersetzen als ihre deutschen AltersgenossInnen.

Grund dafür könnte sein, dass von den Schweizer Jugendlichen drei bei Projekten der Grenzüberschreitenden Jugendarbeit in Laufenburg[172] teilgenommen haben, in denen diese Thematik behandelt wurde.

Des weiteren könnte man dieses Interesse an der Beschäftigung mit den Nachbarn auch der Schweizer Gesellschaft zuschreiben. Als kleines neutrales Land hat die Schweiz schon immer ihre Fühler in die ganze Welt ausgestreckt und sie beobachtet. Die Schweiz ist ein multikulturelles Land und ihre BewohnerInnen sind es möglicherweise eher gewohnt, sich mit dem Fremden auseinanderzusetzen, als die Deutschen. Aber auch der höhere Lebensstandard kann eine größere Weltoffenheit bewirken. Auslandsreisen sind in der Schweiz sehr populär und die finanziellen Ressourcen dafür sind eher gegeben, als in Deutschland. Auch diese Tatsache kann Grund dafür sein, dass sich SchweizerInnen aktiver mit ihren Nachbarn auseinandersetzen als die deutschen Jugendlichen. Der höhere Anteil an MigrantInnen könnte auch ein größeres Potential an interkultureller Kompetenz[173] mit sich bringen, das grenzüberschreitende Kontakte voran treiben kann.

Deutsche Jugendliche, die Schweizer Freunde haben und einen Teil ihrer Freizeit dort verbringen, sind der Schweiz aufgeschlossener

Die Jugendlichen, die schon Kontakte in die Schweiz haben, und BesucherInnen einer Jugendeinrichtung sind, stehen der Grenzüberschreitenden Offenen Jugendarbeit sehr positiv gegenüber. Grundsätzliche Unterschiede zwischen Deutschen und SchweizerInnen nennen sie nicht.

---

[172] vgl. Grenzüberschreitende Offene Jugendarbeit in der Region Laufenburg in 4.6.4 Grenzüberschreitende Projekte

[173] vgl. 3.4.3 Interkulturelle Pädagogik

Möglicherweise ist in den Köpfen dieser Jugendlichen die Hochrheinregion schon zu einem Ganzen zusammengewachsen. Die Grenze besteht, spielt aber keine Rolle bei der Freizeitgestaltung. Durch regelmäßigen Kontakt mit Schweizer Jugendlichen kann bei ihnen die Konfrontation mit dem „Fremden" und „Anderen" so zur Gewohnheit geworden sein, dass es als „Vertrautes" und „Eigenes" betrachtet, die Beziehung also transkulturell wird.[174]

Jugendliche, die noch keinen Kontakt zu SchweizerInnen hatten stehen dem Kontakt mit den Nachbarn eher skeptisch gegenüber

Sie empfinden die Schweiz primär als Land mit höherem Lebensstandard, den sie sich sowieso nicht leisten können. Diese Jugendlichen aus gut bürgerlichem Haus empfinden auch die etwas lockerere Hanfpolitik der Schweiz als negativen Aspekt. Ihr Bild von Schweizer Jugendlichen ist sehr von Vorurteilen geprägt. „Die kiffen alle!" monierte einer der Befragten. Hier ist eine gewisse Angst vor dem „Fremden" zu erkennen, die meines Erachtens jedoch durch das Herstellen grenzüberschreitender Kontakte abgebaut werden könnte. Die Bereitschaft zu solchen Kontakten zum Beispiel bei grenzüberschreitenden Konzerten ist bei diesen Jugendlichen nämlich trotz aller Skepsis gegeben.

Gerade die gelockerte Hanfpolitik betrachtet ein Jugendlicher als großen Fortschritt. Er, der eher private grenzüberschreitende Kontakte zu ehemaligen Klassenkameraden in die Schweiz pflegt, hat jedoch im Allgemeinen kein Interesse an Jugendeinrichtungen.

Schweizer Jugendliche, die an Kontakten mit Deutschland interessiert sind, verbringen einen Teil ihrer Freizeit dort

Drei Schweizer Jugendliche, die Interesse an grenzüberschreitenden Projekten und an deutschen Jugendeinrichtungen haben, verbringen schon jetzt einen Teil ihrer Freizeit in Deutschland. Jedoch haben nicht alle auch Bekannte und Freunde dort. Hier scheint das Interesse an der Grenzüberschreitung also weniger mit persönlichen Kontakten, als mit einer Erweiterung des Lebensraumes, der Nutzung von Infrastruktur oder der günstigeren Preise in Deutschland zusammenzuhängen. In Deutschland ist die Relevanz von Be-

[174] vgl. Transkulturalität in 3.4.2 Drei Kulturkonzepte

kannten und Freunden und dem Verbringen von Freizeit in der Schweiz dagegen etwa gleich gewichtet.

Schweizer Jugendliche haben Freunde und Bekannte in Deutschland, interessieren sich jedoch nicht für deutsche Jugendeinrichtungen oder grenzüberschreitende Projekte

Zwei Jugendliche geben an, Freunde in Deutschland zu haben, jedoch nicht an grenzüberschreitenden Projekten oder Einrichtungen der Offenen Jugendarbeit in Deutschland interessiert zu sein. Dies lässt sich möglicherweise durch die Grenzüberschreitende Offene Jugendarbeit in Laufenburg [175]erklären. Der Schweizer Jugendraum ist attraktiver als der Deutsche. Somit treffen sich Schweizer und deutsche Jugendliche eher in der Schweiz als in Deutschland. Dies führt bei den SchweizerInnen möglicherweise zu dem Vorurteil, dass deutsche Jugendräume im Allgemeinen schlechter ausgestattet sind, als die der Schweiz und ihr Interesse an ihnen bleibt gering.

4.7.3 Presseanalyse

In der lokalen Presse lassen sich Aufschlüsse darüber ziehen, welchen Stellenwert des jeweilige Nachbarland für die Menschen am Hochrhein hat. Ich habe sechs Tage lang die Berichterstattung über das Nachbarland in den beiden überregionalen Tageszeitungen Südkurier aus Deutschland und Aargauer Zeitung aus der Schweiz beobachtet. Das Verbreitungsgebiet des Südkuriers umfasst das Gebiet zwischen dem westlich von Waldshut gelegenen Landkreis Lörrach über den Hochschwarzwald bis hin zum Bodenseekreis und damit sieben Landkreise in ähnlicher Größenordnung, wie der Landkreis Waldshut. Die Tageszeitung geht von etwa 350.000 LeserInnen[176] aus. Die Aargauer Zeitung hat eine Gesamtauflage von etwa 120.000 Exemplaren und ist im Aargau die einzige überregionale Tageszeitung.[177] Die deutsche Zeitung hat also ein weitaus größeres Verbreitungsgebiet, durch ihre Monopolstellung hat die Aargauer Zeitung jedoch im Aargau ein relativ

[175] vgl. Grenzüberschreitende Offene Jugendarbeit der Region Laufenburg in 4.6.4 Grenzüberschreitende Projekte

[176] vgl. www.medienhaus-suedkurier.de, Stand 19.9.2005

[177] vgl. www.azonline.ch, Stand 19.9.2005

großes Gewicht. Im Folgenden werde ich die Ergebnisse der Analyse vorstellen. Dazu berichte ich über Zeitungsartikel, die Aussagen zum Verhältnis zwischen Deutschen und SchweizerInnen treffen.

Strukturelle Einbindung des Nachbarlands in die Regionalzeitung

Die deutsche Lokalzeitung Südkurier führt unter den Heimatseiten eine Rubrik „Mosaik Schweiz", die zumeist aus einer schmalen Spalte mit drei bis vier kurzen Artikeln besteht, jedoch in der Regel täglich in Erscheinung tritt. Artikel über die Schweiz findet man außerdem in den Rubriken „Baden-Württemberg", „Politik", „Die dritte Seite"[178], „Weltspiegel", „Wirtschaft", „Kulturnotizen" und in einzelnen Artikeln neben dem „Mosaik Schweiz" im Lokalteil.

Die Schweizer Aargauer Zeitung hat für Deutschland keine separate Rubrik eingerichtet. Zu finden sind Artikel über Deutschland in „Wirtschaft", „A-Z"[179], „Aargau", „Sport", „Ausland", „Inland", „Tourismus", „Medien" , „Zürich" und im Lokalteil.

Durch die Rubrik „Mosaik Schweiz" hat die Schweiz ihren festen Platz in der Berichterstattung des Südkuriers, integriert im Lokalteil. Draus folgere ich, dass die Schweizer Grenzregion als Teil der gesamten Hochrheinregion betrachtet wird und der Südkurier dieses Bewusstsein fördern möchte. Dagegen spricht, dass es sich bei „Mosaik Schweiz" oft um vermischte Kurznachrichten, wie zum Beispiel über die Rettung einer Schweizerin vor dem Feuertod durch ihren Hund, oder die Abschaffung des „unentgeltichen Staatssarges" im Schweizerischen Basel[180].

Quantitative Betrachtung der Berichterstattung

Die Anzahl der Artikel übers Nachbarland ist fast identisch. Der Südkurier schreibt 27 Artikel über die Schweiz, die Aargauer Zeitung 26 über das Nachbarland. Deutschland legt dabei mehr Gewicht auf die lokale Berichterstattung – 16 Artikel über die Schweiz sind im Lokalteil abgedruckt – die Schweiz legt in der Berichterstattung über Deutschland mehr Wert auf Politik, Wirtschaft und kantonal bezogene Seiten. Auf den allgemeinen Seiten der

[178] zumeist politische und wirtschaftliche Hintergrundinformationen zu aktuellen Themen
[179] Boulevardseite mit Meldungen aus aller Welt
[180] vgl. Südkurier, 5.5.2004

Aargauer Zeitung finden sich 19 Artikel über Deutschland. Das Interesse am Nachbarland kann also als etwa gleich betrachtet werden.

Zwischen Deutschland und der Schweiz schwelt ein Konflikt

Es fällt auf, dass die meisten Artikel in der deutschen Regionalzeitung, die die Schweiz betreffen, sich um konfliktbehaftete Themen handeln. In der betrachteten Woche sind im Südkurier acht Artikel zum Thema Fluglärm[181] und sechs Artikel zum Theme Atomendlager und –kraftwerke[182] zu lesen. Die Aargauer Zeitung hat dagegen nur vier Artikel zum Thema Fluglärm, keinen zum Thema Atomenergie abgedruckt.

Es entsteht der Eindruck, dass der Leidensdruck der Deutschen betreffend Fluglärm ungleich größer ist als der der Schweizer Betroffenen. Bezeichnend ist, dass das Atomendlager in der Schweizer Regionalzeitung nicht erwähnt wird, obwohl die Thematik sehr aktuelle ist. Möglicherweise soll die ansässige Bevölkerung nicht beunruhigt werden. Die Deutschen schlagen jedoch Alarm, weil sie bei der Auswahl des Standortes für das Endlager zu Gunsten der deutschen Anwohner mit entscheiden möchten.[183]

Die Schweiz ist politisch und wirtschaftlich sehr an Deutschland interessiert

Beim Thema Politik des Nachbarlandes halten sich der Südkurier und die Aargauer Zeitung fast die Waage – die Schweizer Regionalzeitung druckte einen Artikel mehr ab, als ihr deutsches Pendant. Die Wirtschaft betreffend liegt die Aargauer Zeitung jedoch mit vier Artikeln weit vorne – der Südkurier hat nur einen Artikel. Dass die Grenzregionen Deutschlands und der Schweiz sich für die Politik ihrer Nachbarn interessieren, kann an der räumlichen Nähe liegen. Speziell für die Schweiz lässt sich jedoch auch vermuten, dass die kleine neutrale Schweiz sich für das größere Deutschland wegen seinen weitläufigen politischen Verstrickungen (NATO, EU...) ebenso interessiert, wie für

[181] Es besteht eine große Fluglärmbelastung im Südbadischen und im Nordschweizer Raum durch Flugzeuge, die auf dem Flugplatz Zürich-Kloten landen und dabei von Norden her anfliegen. Die Schweizer Bundesregierungen strebt eine Mediation mit den betroffenen deutschen Landkreisen an, die zu einer „gerechten" Lösung führen soll. Die Landkreise stimmen einer Mediation jedoch nur bedingt zu., vgl. www.suedkurier.de/nachrichten/bawue/1070,1050992.html, Stand 19.9.2005

[182] Nahe der Grenze befinden sich Schweizer Atomkraftwerke, ein Endlager an der Grenze ist in Planung und wird von ansässigen Deutschen und Schweizern abgelehnt.

[183] vgl. Südkurier, 10.06.2004

die eigene Politik, die etwas kleiner gefasst ist. Weiterer Grund für das Schweizer Interesse an ausländischer Politik könnte die schon im vorhergehenden Kapitel beschriebene vermehrte Weltoffenheit mancher SchweizerInnen sein, die sie eher einen Blick über den Tellerrand wagen lässt, da sie sich schon früh Auslandsaufenthalte leisten konnten. Dagegen spricht das gängige Klischee das bei vielen Deutschen, aber auch bei manchen SchweizerInnen vorherrscht, die SchweizerInnen seien engstirnig und zu sehr auf ihr Land fixiert.

Das politische Interesse beider Länder bezieht sich jedoch weniger auf die Menschen in der Grenzregion, sondern auf die Geschehnisse in den Haupt- und Großstädten. Hieraus resultiert kaum eine Beschäftigung mit den direkten Nachbarn.

Die Schweiz lebt vor allem vom Export und findet in Deutschland einen großen Markt für ihre Produkte. Deutschland ist, laut Frank Elbe, dem deutschen Botschafter in der Schweiz, der wichtigste Handelspartner der Schweiz.[184] Dies kann ein Grund für ihr wirtschaftliches Interesse an Deutschland sein. Des weiteren expandieren Schweizer Firmen mehr und mehr nach Deutschland und investieren auch dort. Die Verflechtungen der Schweizer mit der deutschen Wirtschaft sind vielfältig und vor allem für die Schweiz als Exportland sehr wichtig. Für Deutschland ist der recht kleine Schweizerische Markt weniger interessant und wird deshalb auch weniger betrachtet.

Die Schweiz ist am gesellschaftlichen Leben Deutschlands interessiert

In der Schweiz wird viel über deutschen Sport, vor allem die Bundesliga berichtet. Auch kulturelle Veranstaltungen in Deutschland sind in der Aargauer Zeitung präsent. In der zu betrachtenden Woche kam im Südkurier der Schweizer Sport kein einziges Mal vor, Schweizer Veranstaltungen waren nur einmal vertreten. Auch deutsche Medien stehen bei den SchweizerInnen hoch im Kurs. Im Fernsehprogramm der Aargauer Zeitung sind auch die deutschen Programme abgedruckt. Vielen Deutschen bleiben Schweizer Medien verschlossen, weil sie die Schweizer Mundart nicht verstehen. Die Schweizer können sich zwischen Schweizer und anderen deutschsprachigen Sendern entscheiden und haben somit eine größere Auswahl, die rege ge-

[184] vgl. Interview mit Frank Elbe, NZZ am Sonntag, 27.7.2003

nutzt wird. In deutschen Programmzeitschriften dagegen ist zumeist nur ein Kanal aus der Schweiz angegeben.

„Die Deutschen mögen uns, aber wir sie nicht“[185]

Auf einen sehr interessanten Artikel stieß ich am 24.März 2004 im Oltener Tagblatt der Schweiz. Dagmar Heuberger berichtet von einer Art Hassliebe zwischen Deutschen und SchweizerInnen. Je nördlicher man in Deutschland nach der Einstellung zur Schweiz fragt, desto positiver sind sie. Einziges Manko der Schweiz in den Augen der Deutschen seien die teureren Preise. Das Schweizer Bild der Deutschen ist vor allem von negativen Vorurteilen geprägt. Die Deutschen seien „arrogant, überheblich, laut, mitunter auch...rücksichtslos“. „Typisch deutsch“ sei nicht als Kompliment zu werten, jedoch könne manchmal auch eine Portion Neid auf die „schnelleren, eloquenteren, cleveren Deutschen heraus gehört werden. Und auf der anderen Seite lesen SchweizerInnen den „Spiegel“ und „Die Zeit“, sehen deutsche Soaps und deutschen Fußball im Fernsehen und interessieren sich brennend für die Ergebnisse der deutschen Bundesliga.

Die vielen Gemeinsamkeiten, die die Schweiz vor allem mit dem Südwestdeutschen Raum haben werden von beiden Seiten weitgehend ausgeblendet. Heuberger führt dies unter anderem auf die „Angst vor dem übermächtigen Nachbarn“ während der Zeit des Hitler-Regimes zurück, die bis heute tief in den Köpfen verankert ist.

„Mehr Gemeinsamkeiten als Differenzen“[186]

In der Neuen Zürcher Zeitung wird erläutert, wie durch Debatten um Fluglärm, Atomendlager und verschärfte Grenzkontrollen leider manchmal vergessen wird, „wie eng die beiden Regionen wirtschaftlich miteinander verflochten sind“. Im Mittelpunkt des Unternehmerforums in Karlsruhe standen „Beispiele grenzüberschreitender Zusammenarbeit zwischen Firmen und Forschungsinstitutionen“. Der damalige baden-württembergische Wirtschaftsminister Döring und die Zürcher Volkswirtschaftsdirektorin Fuhrer betonen diese gute Kooperation zwischen deutschen und Schweizer Regionen, die sich seit

[185] s. Heuberger, Oltener Tagblatt, 24.4.2004

[186] s. Neue Zürcher Zeitung, 16.4.2004

den bilateralen Abkommen noch verstärkt haben. In einem Interview erklärt Walter Döring, dass sich durch die engen wirtschaftlichen Verflechtungen „viele gemeinsame Interessen" ergeben, die eine verstärkte politische Zusammenarbeit erfordern. Döring hält trotz verschiedener Streitigkeiten die Gemeinsamkeiten von der Schweiz und Deutschland für ausschlaggebender als das, was die beiden Länder trennt.

4.8 Ausbildungs- und studienspezifische Hintergründe der Sozialen Arbeit in Deutschland und in der Schweiz[187]

Um die verschiedenen Studiengänge in Deutschland und in der deutschsprachigen Schweiz miteinander zu vergleichen, habe ich je drei Schweizer und Baden-Württembergische Fachhochschulen für Soziale Arbeit näher betrachtet. Außerdem beleuchte ich den Fachbereich Sozialwesen an der Berufsakademie Villingen-Schwenningen.
Die Schweizerische Arbeitsgemeinschaft der Fachschulen und Höheren Fachschulen für Soziale Arbeit (SASSA) hat Richtlinien für die Diplomausbildung entwickelt[188], nach denen die Mitgliedsschulen vorgehen sollen. In Baden-Württemberg regelt das Hochschulrahmengesetz näheres zu den Studiengängen der Sozialen Arbeit.

4.8.1 Verschiedene Studiengänge

	Studiengänge	**Abschluss**
EFH Freiburg	Sozialarbeit/ Sozialpädagogik	Dipl.-SozialarbeiterIn/ SozialpädagogIn (FH)
FHS Mann-heim	Soziale Arbeit	Dipl.-SozialarbeiterIn/ SozialpädagogIn (FH)
FHS	Soziale Arbeit	Dipl.-

[187] alle Angaben aus diesem Kapitel, soweit nicht anders angegeben von den Homepages der betreffenden Fachhochschulen, aufgelistet im Anhang
[188] vgl. www.sassa.ch, Stand 19.9.2005

Esslin-gen		SozialarbeiterIn/ SozialpädagogIn (FH)
HSSA Zürich	Soziale Arbeit	Diplom in allgemeiner Sozialer Arbeit FH
HSA Luzern	Sozialarbeit Soziokulturelle Animation	Dipl. SozialarbeiterIn FH Soziokulturelle AnimatorIn FH
FH Aargau	Sozialarbeit Sozialpädagogik	Dipl. SozialarbeiterIn FH Dipl. SozialpädagogIn FH
BA VS	Arbeit mit behinderten Menschen Arbeit mit psychisch Kranken und Suchtkranken Soziale Arbeit im Gesundheitswesen /Altenhilfe Soziale Arbeit in Bildung und Beruf	Dipl.-SozialpädagogIn (BA) Zusätzlich Bachelor möglich

4.8.2 Zugangsvorraussetzungen

	Zugangsvorraussetzung
EFH Freiburg	- Fachhochschulreife - Oder Staatl. anerkannte ErzieherInnen, HeilpädagogInnen, ArbeitserzieherInnen, HeilerziehungspflegerInnen und ErzieherInnen für Jugend- und Heimerziehung +

	Eignungsprüfung
FHS Mannheim	Siehe EFH
FHS Esslingen	Siehe EFH
HSSA Zürich	Siehe FH Aargau + deutsche Sprache in Wort und Schrift + Verstehen der Schweizer Mundart
HSA Luzern	Ab 20 Jahren Siehe FH Aargau Oder drei Jahre Berufslehre+ Aufnahmeprüfung
FH Aargau	- Eidgenössisch anerkannte berufs- oder gymnasiale Maturität (=Abitur) - Oder 3j. Diplommittel- oder Wirtschaftsdiplomschule absolviert - Oder gleichwertiger Abschluss einer pädagogischen Ausbildung - Oder Aufnahmeprüfung - Oder Personen über 30: Nachweis einer anerkannten Vorbildung von der SASSA Für alle: Eignungsprüfung + 1 Jahr Berufserfahrung (davon 3 Monate im sozialen Bereich) + Praxisausbildungsstelle
BA VS	Fachgebundene oder allgemeine Fachhochschulreife + Ausbildungsvertrag

4.8.3 Tätigkeiten und Berufsfelder der Sozialen Arbeit

	Berufsfelder	**Aufgaben**
EFH Freiburg	Jugend-, Familien-, Gesundheits- und Sozialhilfe und mit Personengruppen, die besondere Intergationshilfen benötigen, wie MigrantInnen oder BewohnerInnen eines Brennpunktviertels	beratende, begleitende, erzieherische, bildende, vernetzende, planerische Tätigkeit
FHS Mannheim	Siehe EFH	Siehe EFH
FHS Esslingen	Siehe EFH	Siehe EFH
HSSA Zürich	Sozialdienste, Beratungsstellen, Wohngruppen und Heime, Horte und Krippen, Gemeinschafts-, Jugend- und Freizeitzentren, Sozialplanung und Gemeinwesenarbeit, Schul- und Bildungswesen	wirtschaftliche Existenz von Menschen sichern helfen, das Wohlergehen und die Gesundheit, das Zusammenleben und die soziale Integration fördern und die Lebens- und Freizeitgestaltung stützen
HSA Luzern **Sozialarbeit**	Soziale Dienste, Sozialplanung, Beratungsstellen, Beratung u. Projekte im Rahmen gesetzlicher Maßnahmen, Beratung u. Projekte in themenspezifischen Bereichen, wie Sucht, Aids oder Migration	Menschen beraten und begleiten, die sich in schwierigen Situationen befinden und ihnen helfen neue Entwicklungsmöglichkeiten zu erschließen.

HSA Luzern **Soziokulturelle Animation**	Kultur-, Quartier- und Jugendzentren, Projekten im Bereich der Migration und der regional- und Stadtentwicklung	soziale und kulturelle Prozesse analysieren, Menschen professionelle Impulse geben, damit diese Einfluss auf den Raum, in dem sie leben, nehmen; kulturelle Entwicklungen sollen professionell und nachhaltig begleitet werden
FH Aargau		Prävention, Unterstützung, Beratung, Integration, Bildung, Intervention, Sozialisation, Alltagsgestaltung, Sozialplanung, Lebenshilfe, Erziehung, Migration, Rehabilitation, Gesundheitsförderung, Maßnahmenvollzug in Organisationen und Einrichtungen der stationären, teilstationären und ambulanten Sozialarbeit und Sozialpädagogik
BA Villingen-Schwenningen	Sozialdienst, Selbsthilfeorganisationen, Beratungsstellen,Wohnheime, Krankenkassen, Gesundheitsdienste, Bildungseinrichtungen	

Erkennbar ist hier, dass die Schweizer Fachhochschulen den Begriff der Sozialen Arbeit ähnlich auslegen, sich jedoch nicht einig sind, ob eine Ausbildung zum Generalisten , der in allen Bereichen tätig sein kann, oder eine Ausbildung in einem speziellen Fachbereich, wie der Sozialarbeit, der dann vor allem in den Sozialdiensten und Beratungsstellen angesiedelt ist und der den soziokulturellen Bereich seinen Kolleginnen aus der „Soziokulturellen Animation" überlässt.

In den Baden-Württembergischen Fachhochschulen herrscht Einigkeit darüber, dass nur noch Generalisten mit dem Doppeldiplom „SozialarbeiterIn/SozialpädagogIn ausgebildet werden, die sich spezialisieren können und sollen. Diese Spezialisierung soll SozialarbeiterInnen und SozialpädagogInnen nicht in ihrer Stellensuche einschränken.

4.8.4 Regelstudienzeit

	Regelstudienzeit in Semestern
EFH Freiburg	8
FHS Mannheim	8
FHS Esslingen	8
HSSA Zürich	8
HSA Luzern	Vollzeit: 6
	Teilzeit: 9
	Berufsbegleitend: 8
FH Aargau	8
BA Villingen-Schwenningen	6

4.8.5 Studienschwerpunkte

An den deutschen Hochschulen in Mannheim und Esslingen müssen sich die Studierenden für Schwerpunkte entscheiden, die im Diplomzeugnis erwähnt werden.

Diese sind in Mannheim entweder „Sozialmanagement" oder „Bildung, Beratung, psychosoziale Behandlung" und in Esslingen „Erziehung und Bildung" beziehungsweise „Soziale Dienste".

An der Berufsakademie und den Schweizer Hochschulen können teils Wahlfächer belegt werden, eine weitere Spezifizierung ist jedoch nicht möglich.

4.8.6 Ausbildungsform

	Ausbildungsform 1	AF 2	AF 3
EFH FR	Vollzeitstudium		
FHS MA	Vollzeitstudium		
FHS ES	Vollzeitstudium		
HSSA ZH	Vollzeitstudium	Berufsbegl.	TZ
HSA LU	Vollzeitstudium (3 J.)	Berufsbegl. (4-5 J.)	TZ (4-5 J.)
FH AG	Duales System		
BA VS	Duales Studium auf Hochschulniveau		

TZ = Teilzeitstudium

An der Fachhochschule Aargau wird mit einem Modell gearbeitet, das dem der dualen Berufsausbildung in Deutschland sehr ähnlich ist. Die StudentInnen müssen, um zum Studium zugelassen werden, nachweisen, dass sie für die Zeit der Ausbildung eine feste Anstellung im sozialen Bereich haben. Die Praxisstellen müssen von der Fachhochschule Aargau genehmigt werden.

Das Studium der Berufsakademie Villingen-Schwenningen ist ein duales Studium auf Hochschulniveau mit integrierter Praxisausbildung. Das heisst die StudentInnen sind abwechselnd drei Monate in einer Einrichtung tätig und drei Monate in der Schule.

Das berufsbegleitende Modell in Zürich und Luzern ähnelt dem der Fachhochschule Aargau, das Vollzeitmodell dem in Deutschland. Bei einer Teilzeitausbildung können die StudentInnen nebenher familiären Pflichten nachgehen oder ihren Lebenserwerb bestreiten.

4.8.7 Praxisausbildung

	PS	ProSt	Studbegl. Praktika	Entlohnung
EFH FR	3./6. Sem.		4./5. Sem.	Nicht zwingend
FHS MA	3./6. Sem.	7./8. Sem.		Nicht zwingend
FHS ES	3./6. Sem.	7./8. Sem.	4./5. Sem.	Nicht zwingend
HSSA ZH (Vollzeit)			3. Sem. Ab 4. Sem. (9 Monate)	grundsätzlich
HSA LU			110 Arbeitstage in einer Soz. Einrichtung, danach Projekt-arbeit oder Auslandseinsatz, 2.-6. Semester	grundsätzlich
FH AG			Mindestens 3000 Stunden, 1500 unter Anleitung	grundsätzlich
BA VS	StudentInnen der Berufsakademie gelten als Studierende und Beschäftigte eines Ausbildungs-unternehmens. Theorie- und Praxisphasen wechseln sich ab.			Auszubildendenvergütung

PS = Praxissemster, ProSt = Projektstudium

Das Projektstudium umfasst etwa vier Semesterwochenstunden. Die studienbegleitenden Praktika in Deutschland werden mit fünf beziehungsweise vier Semesterwochenstunden absolviert. Die deutschen Praxissemsester werden durch acht Studientage begleitet, von denen sechs Pflicht sind.

Von der Fachhochschule Mannheim, weiß ich, dass Praxisstellen und PraxisanleiterInnen von der Hochschule genehmigt werden müssen. Deutsche

Praxisstellen sind nicht verpflichtet die StudentInnen in ihren Praxissemestern zu bezahlen.
Den Studienplänen der Berufsakademie Villingen-Schwenningen ist zu entnehmen, dass großer Wert auf den Praxis-Theorie-Transfer gelegt wird. Theorie-Praxis- und Arbeitsfeldseminare in der entsprechenden Studienrichtung sind Pflicht

Schweizer StudentInnen sind pro Woche drei Tage in der Praxis und zwei Tage in der Schule. Die Praxisorganisationen müssen von der Fachhochschule anerkannt werden und die Anleitung sollte möglichst von einem von den jeweiligen Schulen ausgebildeten Praxisausbilder vorgenommen werden.

4.8.8 Kosten des Studiums[189]

	Kosten pro Semester	Bemerkungen	Kosten ges. bei Einhaltung der RSZt
EFH FR	93 €		744 €
FHS MA	84 €		672 €
FHS ES	101 €	Bus und Bahn im Raum Stuttgart ab 18:00 kostenlos	808 €
HSSA ZH (Vollzeit)	Ca. 322 € (500 CHF)	Hinzu kommen ca. 644 € (1000 CHF) für Lehrmittel.	Ca. 3036 € (4715 CHF)
HSA LU	Ca. 580 € (900 CHF)	Hinzu kommen Kosten für Lehrmittel.	Ca. 4894 € (7600 CHF)
FH AG	Ca. 450 € (700 CHF)	In Gesamtbetrag sind Einschreibegebühr, Kopiergeld und Diplomprüfungsgebühr eingerechnet Hinzu kommen ca. 194-322 € (300-500 CHF) für Lehrmittel	Ca. 4237 € (6580 CHF)
BA VS	80 €		480 €

RSZ = Regelstudienzeit

Nachdem das Bundesverfassungsgericht mit seiner „Urteilsverkündung zur Verfassungsmäßigkeit des 6. Gesetzes zur Änderung des Hochschulrahmengesetzes am 26. Januar 2005 die Möglichkeit eröffnet, Studiengebühren

[189] Stand September 2005, Wechselkurs vom 19.5.2005

zu erheben“[190], werden die Kosten an vielen Hochschulen in Deutschland wohl in Richtung derer in der Schweiz tendieren.

4.8.9 Resümee

Noch ist das Studium im Bereich der Sozialen Arbeit in der Schweiz erheblich teurer als in Deutschland.

Die intensivere Praxisausbildung der Schweiz halte ich für sehr effektiv, da von den Hochschulen eigens dafür Personen in den Praxiseinrichtungen ausgebildet werden, mit denen die StudentInnen oft eng zusammen arbeiten, zumindest jedoch eine regelmäßige Reflexion gewährleistet ist. Die wenigen Studientage der deutschen Fachhochschulen, die zumeist in Gruppen von mindestens zehn StudentInnen statt finden, können da meines Erachtens nicht mithalten. PraxisanleiterInnen und Hochschulen in Deutschland arbeiten weniger eng zusammen, als die in der Schweiz.

Die Möglichkeit der berufsbegleitenden und Teilzeitausbildung halte ich gerade für Quereinsteiger und StudentInnen, die ihren Lebenserwerb selbst bestreiten müssen sehr sinnvoll. Meines Erachtens ist die deutsche Berufsakademie nicht mit diesen Modellen vergleichbar, weil sie die StudentInnen von vorn herein auf ein sehr eingegrenztes Arbeits- und Lernfeld festlegt.

Alle Hochschulen streben an, in den nächsten Jahren Bachelor- und Master-Studiengänge einzuführen, die dann europaweit kompatibel sind.

---

[190] s. www.kmk.org/aktuell/pm050310a.htm, Stand 19.9.005

5 Problemstellung und Aufgabe: Warum Grenzüberschreitende Offene Jugendarbeit am Hochrhein?

5.1 Handlungserfordernisse

5.1.1 Am Hochrhein gibt es zu wenig Einrichtungen der Offenen Jugendarbeit

Von dreizehn deutschen Gemeinden in der Hochrheinregion haben nur fünf Gemeinden Einrichtungen der Offenen Jugendarbeit. Während der westliche Teil des Hochrheins recht gut ausgestattet ist, fehlen vor allem in den fünf östlichen Gemeinden Einrichtungen für Jugendliche.

In der durchgeführten Befragung unter deutschen Jugendlichen, geben alle an, dass sie die Angebote für Jugendliche am Hochrhein als nicht ausreichend einstufen. In einer großangelegten Jugendstudie des Landkreises Waldshut wünschen sich 16% der Jugendlichen, die Möglichkeit zu haben, ein „organisiertes Angebot“ der Offenen Jugendarbeit nutzen zu können.[191] Hinzu kommt, dass die oft weiten Wege, besondres in den Abendstunden, nur sehr mühsam durch öffentliche Verkehrsmittel überbrückt werden können.

In der Schweiz sieht es etwas besser aus. Fast jede zweite Gemeinde gibt an, eine Jugendeinrichtung vor Ort zu haben. Oft sind dies jedoch selbst organisierte Treffs für bestimmte Gruppen und Cliquen. Die Erreichbarkeit der Einrichtungen in der Schweiz ist auf Grund der kleineren Gemeindegröße günstiger.[192] Auch auf Schweizer Seite liegt der Schwerpunkt der Einrichtungsverteilung eher im Westen des betrachteten Gebietes.

Zwei von sechs Jugendlichen aus der Schweiz finden, dass es wenig Einrichtungen für Jugendliche auf der Schweizer Seite des Hochrheins gibt.

[191] vgl. Blinkert, 2003, S.88

[192] vgl.4.6.1 Ländervergleich (4.6 Einrichtungen der Offenen Jugendarbeit)

5.1.2 Die Gemeinden haben zu wenig finanzielle Ressourcen, um Offene Jugendarbeit einzurichten

Offene Jugendarbeit einzurichten ist Aufgabe der Gemeinden. Diesen fehlen momentan jedoch weitgehend die Mittel. Wenig bekannt ist, dass auch die Schweizer Gemeinden nicht mehr aus dem Vollen schöpfen können. Wie schon im Kapitel 3.2 Offene Jugendarbeit erwähnt, wird natürlich als erstes bei Leistungen, die für die Gemeinden nicht verpflichtend sind beziehungsweise nach eigenem Ermessen ausgeführt werden können, gespart.

5.1.3 Die Globalisierung schreitet voran.

Kinder und Jugendliche sollen auf die Zukunft vorbereitet werden. Die Zukunft liegt, ob man das nun positiv oder negativ bewertet, in der Globalisierung. Grenzen öffnen sich, und Menschen aus den verschiedensten Kulturkreisen treffen aufeinander, sollen mit einander leben und arbeiten. Kindern und Jugendlichen dies nahe zu bringen und zu ermöglichen ist meines Erachtens Aufgabe der Offenen Jugendarbeit. Dies kann in der Grenzüberschreitenden Jugendarbeit gelingen. Auch die prekäre Lage des Arbeitsmarktes spielt hier eine große Rolle. Die EU strebt die Entwicklung eines möglichst „mobilen Arbeitskräftepotentials“[193] in Europa an. Jugendliche sollen bereit sein überall in Europa Arbeit anzunehmen und somit die Arbeitslosigkeit in den betroffenen Ländern vermindern. Dazu benötigen sie Fähigkeiten der interkulturellen Kommunikation und die Bereitschaft dazu, sich auf Fremdes einzulassen.

5.1.4 Kinder und Jugendliche an der Grenze erleben sich als BewohnerInnen der Peripherie.

Der Hochrhein gilt auf deutscher und Schweizer Seite als Provinz. Dorthin zieht es keine großen Wirtschaftsunternehmen und von Touristen wird die Region eher schleichend entdeckt. Viele Jugendliche orientieren sich in Richtung der Großstädte, die für Deutschland ein bis zwei Stunden, für die SchweizerInnen eine halbe Stunde entfernt sind. In der Jugendstudie des Landkreises Waldshut kommt zum Ausdruck, dass deutsche Jugendliche nach der Schule erst einmal weg vom Hochrhein wollen, teils aus Gründen der beruflichen Perspektive, teils aus Erlebnishunger.[194] Die Grenzregion gilt meines Erachtens unter anderem deshalb als Provinz, weil es noch nicht geschafft wurde, wie in der Regio Basel, wirklich grenzüberschreitend zu handeln und zu denken. Legt man die „beiden Provinzen" im Norden der Schweiz und im Süden Deutschland zusammen könnte man einen großen attraktiven Lebens- und Erlebnisraum für alle Menschen am Hochrhein schaffen. Die Menschen kämen weg vom „Peripheriedenken" hin zum „Grenzüberschreitenden Denken".

5.2 Nutzen für deutsche und Schweizer Gemeinden

5.2.1 Effizienz

Die Kosten aller grenzüberschreitenden Vorhaben können durch zwei geteilt werden. Dazu gehören zum Beispiel Personalkosten und Kosten der Räumlichkeiten. Vorhandene Ressourcen, wie ein Jugendraum oder Spielmaterial könnten gemeinsam genutzt werden.

5.2.2 Vorurteile abbauen und Toleranz üben

Durch die Öffnung der Grenzen und die Erweiterung der EU wird es immer wichtiger, mit Menschen aus anderen Kulturformen kooperieren zu können. Durch Grenzüberschreitende Jugendarbeit kann das im kleinen eingeübt und sich mit der Thematik beschäftigt werden. Wie können Jugendliche später in der IT-Branche mit Menschen aller Herren Länder ein Team bilden, wenn sie sich nicht einmal mit ihren nächsten Nachbarn austauschen und mit ihnen kooperieren können. Auf lange Sicht wird sich auch die Schweiz nicht vor der Grenzöffnung verschließen können. Zugeständnisse in diese Richtung wurden mit dem Beitritt zum Schengener Abkommen der Schweiz gemacht, das ab 2006 in Kraft treten wird.[195]

---

[193] vgl. Hamburger, in 39. Beiheft ZfPäd,1999, S.342
[194] vgl. Blinkert, 2003, S.186
[195] vgl. Südkurier, 26.5.2004

5.2.3 Horizonterweiterung für Jugendliche, JugendarbeiterInnen und die gesamte Bevölkerung

Für viele Menschen am Hochrhein hört die „Welt“ an der Grenze auf. Durch Grenzüberschreitende Jugendarbeit kann ein Bewusstsein dafür geschaffen werden, dass sich der Lebensraum nicht auf staatliches Territorium begrenzen muss. Die Hochrheinregion kann durch die so entstehende Vergrößerung attraktiver für ihre BewohnerInnen gemacht werden. Sie kann ihnen durch die Grenzüberschreitung mehr Möglichkeiten bieten. Professionelle in der Jugendarbeit können von ihren Nachbarn lernen. Es kann sehr förderlich sein, über den Tellerrand zu blicken, zu sehen in welchen Systemen und mit welchen Methoden und Ansätzen in anderen Ländern ähnliche Problemlagen angegangen werden.

5.2.4 Fördergelder für grenzüberschreitende Projekte

In einer Zeit, in der das Geld der Kommunen knapp ist, sollte man Fördergelder, die bereit gestellt werden ausschöpfen. Es gibt Organisationen, die speziell grenzüberschreitende Projekte fördern. Diese werde ich im Kapitel 8. Finanzierungsmöglichkeiten näher darstellen.

5.3 Probleme

5.3.1 Eine gerechte Finanzierung

Schwierig zu gestalten ist die gerechte Finanzierung der Grenzüberschreitenden Jugendarbeit. Die Kommunen verfügen über unterschiedliche Ressourcen, darunter Räumlichkeiten, Personal, Finanzmittel. Die beiden Währungen sind zu berücksichtigen, aber auch die unterschiedliche Höhe der Kaufkraft. Bleiben diese Aspekte unbeachtet, so können sich Vertreter einer Gemeinde vom Kooperationspartner ausgenutzt fühlen.

5.3.2 Gesetzesgrundlagen

Die Gesetze in Deutschland und in der Schweiz unterscheiden sich teilweise. Der Jugendschutz ist zum überwiegenden Teil gleich gestaltet und wird so keine Probleme bereiten. Anders sieht es aus mit der Toleranz gegenüber

Cannnabis-Produkten. Sollte es in der Schweiz in den nächsten Jahren zu einer Legalisierung kommen, werden in diesem Zusammenhang sicherlich Probleme auftauchen. Bis dahin gelten jedoch auf beiden Seiten die gleichen Regelungen dazu, die jedoch in der Schweiz etwas weniger repressiv ausgeführt werden. Weiteres Problem für die Grenzüberschreitende Jugendarbeit kann die Ausländerpolitik sein, die es jugendlichen Asylbewerben verbietet, die Grenze zu übertreten. Des weiteren müssen bei der Grenzüberschreitenden Jugendarbeit Zollbestimmungen berücksichtigt werden. Einkäufe im jeweils anderen Land sind im Warenwert beschränkt und Inventar der Jugendeinrichtungen ab einem bestimmten Warenwert darf nicht ohne Formalitäten beziehungsweise Kaution über die Grenze gebracht werden. Ein Problem, das ich im Kapitel 4.4 Rechtliche Unterschiede und Problemlagen nicht behandelt habe, ist das unterschiedliche Arbeitsrecht in Deutschland und der Schweiz. Sollten eine deutsche und eine Schweizer Gemeinde gemeinsam einen Jugendarbeiter einstellen, muss ausgehandelt werden, welches Recht Gültigkeit hat. Das kann in Bezug auf den Arbeitsvertrag, die Arbeitszeit, soziale Absicherung oder auf die Vergütung Einfluss haben.

5.3.3 Verschiedene Währungen

Hierbei kann es zu Problemen kommen bei der Buchhaltung. Es muss immer umgerechnet werden. Stets sollte der aktuelle Kurs berücksichtigt werden, sei dies bei einem grenzüberschreitenden Projekt oder in der laufenden Jugendarbeit. Einigen Jugendlichen wird der Geldwechsel zu mühsam sein. Es gilt, ein Preisniveau für Eintrittsgelder und Verpflegung zu finden, dass für deutsche und Schweizer Jugendliche akzeptabel ist. Auch für JugendarbeiterInnen entsteht ein geringer Mehraufwand, wenn sie immer zwei Währung mit sich führen müssen.

6 Zielgruppe

Die Grenzüberschreitende Jugendarbeit soll grundsätzlich alle Kinder, Jugendlichen und junge Erwachsenen in Städten oder Gemeinden ansprechen, die sich in unmittelbarer Nähe zur Grenze befinden. Die Kinder, Jugendlichen und jungen Erwachsenen haben Bedarf an Räumen, Treffpunkten und Aktivitäten. Ihre Mobilität ist eingeschränkt und/oder sie möchten die Möglichkeit haben, sich nahe ihrem Wohnort aufzuhalten und Aktivitäten durchzuführen. Des Weiteren werden Kinder, Jugendliche und junge Erwachsene angesprochen, die Interesse haben, ihre direkten Nachbarn kennen zu lernen.
Eine Ausweitung der Zielgruppe über die Gemeindegrenzen hinaus oder die Zusammenarbeit mehrerer deutscher und Schweizer Gemeinden muss unter Berücksichtigung der geographischen Lage, des Bedarfs der Jugendlichen und des Grades der Mobilität der Jugendlichen für die jeweilige Vor-Ort-Situation entschieden werden.

7 Ziele und Handlungsmöglichkeiten der Grenzüberschreitenden Jugendarbeit

In Anlehnung an die Konzeptentwicklung nach Hiltrud von Spiegel habe ich Wirkungsziele und Handlungsziele formuliert. Den Wirkungszielen werden in diesem Kapitel als Überschrift, mehrere Handlungsziele zugeordnet.
Den Handlungszielen folgen Handlungsmöglichkeiten, die keinesfalls vollständig sein können, sondern als Anregung dienen sollen.

7.1 Gemeinden sparen Kosten

- Zwei oder mehrere Gemeinden aus Deutschland und der Schweiz erarbeiten ein grenzüberschreitendes Konzept zur Finanzierung gemeinsamer Offenen Jugendarbeit.
- Zwei oder mehrere benachbarte Gemeinden aus Deutschland und der Schweiz teilen sich die anfallenden Kosten der Offenen Jugendarbeit.
- Bestehende Infrastrukturen werden gemeinsam genutzt, gemeinsam werden neue Infrastrukturen angemietet oder erworben.
- Zwei oder mehrere benachbarte Gemeinden aus Deutschland und der Schweiz stellen gemeinsam eine JugendarbeiterIn ein.
- Projekte werden von deutschen und Schweizer Jugendeinrichtungen gemeinsam getragen.

Haben sich zwei oder mehrere JugendarbeiterInnen gefunden, die Interesse an einer grenzüberschreitenden Kooperation haben, gilt es zumeist die Geldgeber der Einrichtungen dafür zu gewinnen. Dafür ist die Erstellung eines Konzeptes sehr hilfreich, das der Gemeinde und anderen Sponsoren vorgelegt werden kann. Konnten diese von den Vorteilen überzeugt werden, können Kosten des Unterhalts von Jugendeinrichtungen geteilt oder gemeinsame grenzüberschreitende Aktionen geplant und Durchgeführt werden.
An Gemeinden, die noch keine Jugendarbeit etabliert haben, können möglicherweise JugendarbeiterInnen aus dem Nachbarland vermittelt werden, die diese Gemeinde dann mit übernehmen und somit von ihr auch mit getragen werden. Für viele Gemeinden kann dies der Startschuss für die Jugendarbeit bedeuten.

Möchten Gemeinden grenzüberschreitend Jugendarbeit betreiben und wollen eine JugendarbeiterIn einstellen, lohnt es sich, wie in Laufenburg, einen Trägerverein zu gründen. Interessierte Gemeinden sollten sich bei Bedarf von JugendarbeiterInnen beraten lassen. Denkbar sind auch regelmäßige grenzüberschreitende Veranstaltungen, in denen auf Möglichkeiten der grenzüberschreitenden Zusammenarbeit hingewiesen und in dieser Richtung beraten wird.

7.2 Interkulturelles Lernen

- Jugendliche setzen sich mit ihren Vorurteilen und Stereotypen auseinander.
- Jugendliche lassen sich auf Fremdes ein, erkennen die Grenzüberschreitung als Chance und Lebensraumerweiterung, die „fremde Kultur" als Bereicherung.
- Jugendliche bekommen Einblick in verbindende und trennende Aspekte ihrer unterschiedlichen Kulturen.
- Jugendliche haben kooperative Gemeinschaftserlebnisse in grenzüberschreitenden Projekten.
- Jugendliche werden auf den globalisierten Arbeitsmarkt vorbereitet.

Im Alltag der Grenzüberschreitenden Jugendarbeit soll das Thema der Interkulturalität thematisiert werden. In gemeinsamen Unternehmungen und Aktionen stellt sich eine Auseinandersetzung mit den Nachbarn oft automatisch ein. Zusätzlich können spezielle Workshops angeboten werden, in denen sich Jugendliche mit ihrer Herkunft, ihrer jetzigen Heimat und ihren Nachbarn beschäftigen können. Bei einer großen Zahl von Jugendlichen mit Migrationshintergrund, die Einrichtungen der Offenen Tür besuchen, beschränkt sich dies nicht nur auf Deutschland und die Schweiz und kann sehr vielschichtig sein. Durch die gemeinsame Auseinandersetzung mit der Thematik des Fremden und des Vertrauten sollen Vorurteile abgebaut werden.
Betreffend der Globalisierung des Arbeitsmarktes halte ich eine grenzüberschreitende Jobbörse für sinnvoll, die Praktika und Nebenjobs in Deutschland und in der Schweiz, für Deutsche und SchweizerInnen vermittelt. Hier bleibt allerdings das Problem des unterschiedlichen Lohnniveaus zu lösen, das ich

schon im Kapitel 4.3.4 Preisniveau und Einkommen behandelt habe, und auch von den Jugendlichen nicht unbemerkt bleibt.

7.3 Eröffnung eines größeren Lebensraums für deutsche und Schweizer Jugendliche

- Die Grenzüberschreitung als Möglichkeit der Freizeitgestaltung wird ins Bewusstsein der Jugendlichen geholt.
- Neue Treffpunkte im eigenen und im Nachbarland werden zugänglich gemacht.
- Die Relevanz der Grenze wird für die Hochrheinregion abgeschwächt.

Wichtigster Punkt ist hierbei die Öffentlichkeitsarbeit. Jugendliche müssen von der Möglichkeit, ihre Freizeit im Nachbarland oder mit Jugendlichen aus dem Nachbarland zu gestalten in Kenntnis gesetzt werden. Den Jugendlichen muss Hilfestellung angeboten werden, die Schwelle der Grenzüberschreitung und der Beschäftigung mit den „Fremden" zu überwinden. Dazu eignen sich besonders Einstiegsveranstaltungen, zu denen alle Jugendlichen aus einem definierten Umkreis eingeladen werden. Günstig ist es hierbei, wenn die Jugendarbeit dazu schon Jugendliche im Boot hat und Freunde und Bekannte anziehen. Die Gründung eines Jugendteams, das mit organisiert kann sehr hilfreich sein. Die Grenzüberschreitende Jugendarbeit muss mit geeigneten Anreizen für die Jugendlichen arbeiten, die am besten bei ihnen selbst zu evaluieren sind. Eine Grenzüberschreitende JugendarbeiterIn sollte die Vergrößerung des Erlebnisraumes für Jugendliche thematisieren und ihnen Anstöße zu Aktivitäten im Nachbarland geben.

7.4 Grenzüberschreitende Vernetzung und Wissenstransfer

- JugendarbeiterInnen aus Deutschland und der Schweiz lernen sich kennen und bilden ein Netzwerk.
- Sie tauschen sich über die verschiedenen Systeme in beiden Ländern aus, über Methoden und Herangehensweisen.
- Wissen wird grenzüberschreitend zugänglich gemacht.
- Dieses Wissen wird der interessierten Bevölkerung und politischen Gremien zugänglich gemacht. Dies kann sich, nicht nur in der Jugendarbeit, positiv auf die Gemeindentwicklung auswirken.

Am Anfang einer Kooperation muss das Kennen lernen und die Vernetzung stehen. Zu diesem Zweck ist es ratsam, wenn deutsche und Schweizer JugendarbeiterInnen einen Tag lang zusammen kommen, sich beschnuppern können, sich gegenseitig austauschen über die verschiedenen Systeme in denen sie leben und arbeiten, über Methoden, Probleme und Defizite. Am 2.3.2004 fand im Landkreis Waldshut eine solche „Grenzüberschreitende Fachtagung“ statt, aus der zahlreiche Kontakte über die Grenzen hinweg entstanden sind, aus denen nun hoffentlich bald Kooperationen und grenzüberschreitende Projekte entstehen werden. Keinesfalls darf es bei der einen Begegnung bleiben. Um die JugendarbeiterInnen beim Thema zu halten, sollte die Veranstaltung mehrmals im Jahr wiederholt werden. Auf Grund der beschränkten zeitlichen Ressourcen empfehle ich zwei bis drei Treffen im Jahr, in denen die Kontakte intensiviert werden, spezielle Themen bearbeitet und Projektideen ausgefeilt werden können. Wie oben erwähnt, sollten solche Veranstaltungen auch für politische Gremien, Verbände und Menschen, die sich in der Jugendarbeit engagieren wollen, geöffnet werden. Nur so besteht für grenznahe Gemeinden, in denen noch keine Offene Jugendarbeit besteht, die Möglichkeit, eine solche einzurichten und von den Vorteilen ihrer Grenzlage zu profitieren.

8 Finanzierungsmöglichkeiten der Grenzüberschreitenden Offenen Jugendarbeit

8.1 Fördertöpfe

8.1.1 Die Oberrheinkonferenz[196]

Die Oberrheinkonferenz fasst die grenzüberschreitende Zusammenarbeit des Gebietes zwischen Bodensee und der Region Mittlerer Oberrhein zusammen. Dazu gehören aus Deutschland der Mittlere und Südliche Oberrhein und die Landkreise Waldshut und Lörrach aus dem Land Baden-Württemberg, aus dem Land Rheinland-Pfalz die Region Rheinpfalz und der Raum Südpfalz mit den Landkreisen Südliche Weinstraße und Germersheim, der kreisfreien Stadt Landau und aus der Region Westpfalz die Verbandsgemeinden Dahner, Felsenland und Hauenstein. Aus Frankreich gehört die Region Elsass mit den Départements Bas-Rhin und Haut-Rhin, aus der Schweiz die Kantone Basel-Landschaft und Basel-Stadt, Aargau, Jura und Solothurn dazu.

Institutionalisierte grenzüberschreitende Zusammenarbeit entstand durch die „Deutsch-französisch-schweizerische Regierungsvereinbarung" vom 22. Oktober 1975, auch Bonner Abkommen genannt, die zur Bildung einer trinationalen Regierungskommission und zweier Regionalausschüsse führte. Diese Regionalausschüsse tagen seit 1991 als deutsch-französisch-schweizerische Oberheinkonferenz. Der Kanton Aargau, der Landkreis Waldshut und die Städte Strasbourg, Colmar und Mulhouse werden erst seit 1996 mit einbezogen. Die Oberrheinkonferenz mit ihren oben beschriebenen Regionen besteht in dieser Form seit dem Jahr 2000.

Finanziert wird die Oberrheinkonferenz durch die Länder Baden-Württemberg und Rheinland-Pfalz, den französischen Staat, die Region Elsass, die Départements Bas-Rhin und Haut-Rhin, die Kantone Basel-Landschaft und Basel-Stadt und die Regio Basiliensis.

Themen der Oberrheinkonferenz sind Raumordnung, Umwelt, Erziehung und Bildung, Jugend, Katastrophenhilfe, Verkehr, Wirtschaft, Kultur, Gesund-

---

[196] alle Angaben von der Homepage der Oberrheinkonferenz www.oberrheinkonferenz.de, Stand 19.9.2005, und aus einem Telefonat mit einer Mitarbeiterin des Gemeinsamen Sekretariats in Kehl

heitspolitik und Statistik. In allen diesen Ressorts wird grenzüberschreitendes Denken und Handeln voran getrieben und gefördert.

Zweimal im Jahr finden Fach- und Plenarsitzungen statt, die sich mit Angelegenheiten regionaler Bedeutung und von grenzüberschreitendem Interesse, die in der Regel alle drei Länder betreffen sollen.

Die AG Jugend fördert die Partizipation von Jugendlichen, möchte ein grenzüberschreitendes Netzwerk für und mit Jugendlichen aufbauen und strebt grenzüberschreitende Jugendbegegnungen an. Sie gibt finanzielle Hilfen bis zu 4000

€ an Jugendprojekte, die die Partizipation junger Menschen zwischen zwölf und fünfundzwanzig Jahren fördern. Hauptförderkriterium ist die aktive Beteiligung von Jugendlichen beim Projekt. Auch Reisekosten für die Mitwirkung an einem grenzüberschreitenden Projekt können übernommen werden. Außerdem bekommen Jugendliche hier fachliche Unterstützung, um grenzüberschreitende Projekte selbst zu organisieren.

8.1.2 Die Hochrheinkommission und die Agentur Hochrhein [197]

Die Hochrheinkommission wurde auf Grundlage des Karlsruher Übereinkommens[198] am 17.9.1997 gegründet. Ziele der Kommission sind die „Identifikation des Grenzlandes am Hochrhein als gemeinsamer Lebensraum“, die Fortführung grenzüberschreitender Kooperation, die Intensivierung der Kooperation bei „Bewilligungs-, Genehmigungs- und Planungsverfahren aller Art“ und gemeinsame „Planungen und Begleitungen von Projekten“ und die Vertiefung von wirtschaftlichen Kooperationen. Umgesetzt werden diese Ziele durch die Einrichtung der Geschäftsstelle, die durch ein Zweier-Team besetzt ist. Das Hochrheintelefon zur Beratung von Behörden, Unternehmen und Privatpersonen wurde eingerichtet. An verschiedenen grenzüberschreitenden Konzeptionen (zum Beispiel eine Erholungskonzeption) und einem Kooperationsleitfaden wurde oder wird noch gearbeitet.

Mitglieder auf deutscher Seite sind das Land Baden-Württemberg, die Landkreise Waldshut und Lörrach, der Regionalverband Hochrhein-Bodensee und

---

[197] alle Angaben von der Homepage der Hochrheinkommission und der Agentur Hochrhein, www.hochrhein.org, Stand 19.9.2005

[198] s. www.jura.uni-sb.de/BIJUS/karlsruhe/, Stand 19.9.2005

die Industrie- und Handelskammer Hochrhein-Bodensee sowie dreizehn Grenzgemeinden am Hochrhein. Auf Schweizer Seite sind der Kanton Aargau, die Regionalplanung Oberes Fricktal und Unteres Fricktal und der Planungsverband der Region Zurzach, außerdem achtunddreißig Gemeinden in (un)mittelbarer Nähe zur Grenze, beteiligt.
Der Vorstand besteht aus Mitgliedern aus Deutschland und der Schweiz zu gleichen teilen.
Die Hochrheinkommission unterhält die Fachausschüsse „Gesundheit", „Wirtschaft", „Verfahren/Koordination", „Rheinlandschaft" und den Bildungsrat Hochrhein, die sich mit grenzüberschreitenden Aspekten ihrer jeweiligen Thematik auseinander setzen.

Als Interreg IIIa-Projekt[199] lancierte die Hochrheinkommission die Gründung der Agentur Hochrhein, die die Förderung grenzüberschreitender Projekte mit gesteigerten Mitteln für die Hochrheinkommission fortsetzen soll. Förderanträge gehen also direkt an diese Agentur, die dann in enger Abstimmung mit der Kommission über die Anträge entscheidet. Förderkriterien sind „grenzüberschreitendes Interesse und Auswirkung", „Bezug zur Hochrhein-Region", Partizipation von BürgerInnen oder Institutionen, Impulswirkung und Nachhaltigkeit, „Identitätsstiftender Charakter" und der nachgewiesene Bedarf an Fördergeldern. Antragsberechtigt sind Privatpersonen, Kirchen, Schulen, Vereine, Institutionen und Gemeinden. Neben der finanziellen Unterstützung bietet die Agentur Hochrhein organisatorische und inhaltliche Hilfe an und arbeitet bei Modellvorhaben auch konzeptionell mit.

8.1.3 Interreg III[200]

Interreg III ist eine Gemeinschaftsinitiative der Europäischen Union, an der sich auch die Schweiz beteiligt. Das Programm Interreg IIIA bezieht sich auf Gebiete in der sich auch die Hochrheinregion befindet. Das Zuständigkeitsgebiet zieht sich jedoch im Gegensatz zu dem der Oberrheinkonferenz eher in Richtung Osten, schliesst zum Beispiel Österreich mit ein. Des weiteren gehören Teile von Süddeutschland, der Schweiz und Liechtenstein zum Programmgebiet.

---

[199] siehe 8.1.3 Interreg III
[200] alle Angaben von der Homepage der Interreg III, www.interreg.org, Stand 19.9.2005

Die Ziele des Programms sind der Region angepasst. Es soll die „Entwicklung eines gemeinsamen Wirtschaftsraumes" fördern und die Möglichkeit des Erwerbs in allen Teilregionen sichern. Der „attraktive Lebens- und Wirtschaftsraum" soll erhalten werden, die Lebensqualität soll erhöht werden, die Infrastruktur soll ausgebaut werden und die grenzüberschreitende Zusammenarbeit soll gestärkt werden.
Thematische Schwerpunkte zu fördernder Projekte sind „Wirtschaftliche Entwicklung", „Umwelt- und Raumentwicklung" und „Soziokulturelle Entwicklung". Der letzte Schwerpunkt enthält die Bereiche „Bildung, Forschung und Entwicklung", „Gesundheit und Soziales", „Kultur und Sport" und „Vernetzung und Bewusstseinsbildung". Ein Projekt der „Grenzüberschreitenden Jugendarbeit" das entweder die nachhaltige Förderung der Entwicklung in der beschriebenen Region oder den Aufbau von Netzwerken grenzüberschreitender Art zum Ziel hat, könnte also durchaus als Interreg IIIA-Projekt gefördert werden. Jedoch ist beim Interreg-Programm zumeist von sehr groß angelegten Projekten die Rede. Die Einrichtung der Geschäftstelle der Hochrheinkommission war ein Interreg II-, die Schaffung der Agentur Hochrhein ein Interreg IIIA-Projekt, um die Größenordnung etwas deutlicher zu machen.

8.2 Eine gerechte Finanzierung?

Der Währungsunterschied zwischen Deutschland und der Schweiz bewirkt, dass eine gerechte Finanzierung grenzüberschreitender Projekte nur schwer zu realisieren ist und gut durchdacht werden muss. Sicherlich geistert in vielen Schweizer Köpfen umher: „Die Deutschen wollen uns nur als Geldquelle anzapfen." Und viele Deutsche haben Angst, bei einer Finanzierung mit der Schweiz nicht mithalten zu können. Im Folgenden führe ich einige Überlegungen aus, was berücksichtigt werden muss, wenn man trotz unterschiedlicher Kaufkraft, zu einer Finanzierung finden möchte, die niemanden benachteiligt.

8.2.1 Kaufkraft der Länder oder der Gemeinden

Dass die Kaufkraft der Schweizer höher ist, als die der Deutschen steht außer Frage. In ein Finanzierungskonzept könnte ein Faktor eingerechnet werden, der diesen Unterschied berücksichtigt und beide Parteien so viel zum Projekt beitragen lässt, wie es die durchschnittliche Kaufkraft der Schweizer beziehungsweise der Deutschen erlaubt. Problem dabei ist, dass dieser Faktor dynamisch sein und an regelmäßig an die aktuellen Gegebenheiten angepasst werden müsste. Außerdem stellt sich die Frage, ob die durchschnittliche Kaufkraft der gesamten Schweiz für einen 1000-Seelen-Ort ausschlaggebend ist.

8.2.2 Anzahl der Jugendlichen

Kooperieren verschiedenen Gemeinden miteinander, könnte man die Anteile der Finanzierung der Zahl der Jugendlichen in den Gemeinden anpassen. Die Gemeinde mit den meisten Jugendlichen würde dann auch den größten Teil der Kosten übernehmen. Auch hier wäre eine ständige Überprüfung von statistischen Daten nötig, um die Anteile der aktuellen Situation anzupassen. Unberücksichtigt sind hier jedoch auswärtige Jugendliche, die sich in ihrer Freizeit ebenfalls in der Gemeinde aufhalten.

8.2.3 Größe der Gemeinde

Je größer die Gemeinde ist und je mehr sie eine Zentrumsfunktion erfüllt, desto höher sollte ihr finanzieller Anteil im Bereich der Grenzüberschreitenden Jugendarbeit sein. Das Problem hierbei kann sein, Indikatoren für die Beurteilung der Gemeinden zu finden, die von Beiden akzeptiert werden, die sinnvoll sind und zu einem möglichst klaren Ergebnis führen.

8.2.4 Sponsoring

Die Kooperationspartner sollten Abmachungen treffen, ob Sponsoren gesucht und öffentliche Gelder beansprucht werden sollen. Ist dies der Fall und wurden Geldgeber gefunden, sollte der gesponserte Betrag auf beide Partner umgelegt werden, damit nicht der mit dem größeren Geschick Gelder aufzutreiben den gesamten Vorteil für sich einstreicht. Beide Partner sollten jedoch verpflichtet sein, überhaupt Gelder zu akquirieren.

8.2.5 Resümee

Die Liste der Aspekte einer gerechten Finanzierung könnte wahrscheinlich noch unendlich weiter geführt werden. Ich beschränke mich auf die Punkte, die mir am naheliegendsten erschienen. Eine Mischung aus allen Aspekten führt möglicherweise zu einem für alle am ehesten zufrieden stellenden Ergebnis. Wichtig ist, Vereinbarungen schriftlich in einem Konzept festzuhalten, damit sich die Parteien im Zweifelsfall darauf beziehen können.

Bei einer offenen grenzüberschreitenden Beziehung zwischen den Kooperationspartnern, die nicht durch Vorurteile belastet ist, sollte es möglich sein, in der Finanzierungsfrage zu einem Konsens zu kommen, ohne dass sich eine Partei benachteiligt fühlt.

9 Übertragbarkeit

Zur Beurteilung der Übertragbarkeit werde ich hier noch einmal die speziellen Merkmale der Grenzregion Hochrhein anführen.

- Die Menschen am Hochrhein sprechen eine gemeinsame Sprache.
- Früher wurde die Region nicht durch eine Grenze getrennt.
- Die Hochrheinregion wird durch die EU-Außengrenze geteilt, was regelmäßige Zollkontrollen mit sich bringt.
- Die Währung und die Kaufkraft der beiden hier angrenzenden Länder ist unterschiedlich.

Meine Betrachtungen beziehen sich auf die Hochrheinregion, die den Landkreis Waldshut einschließt. Natürlich lassen sich diese auf die gesamte Hochrheinregion zwischen Basel und Hochrhein übertragen.
Seit der Osterweiterung der EU am 1.Mai 2004 ist die Situation der Hochrheinregion einzigartig geworden. Somit ist eine direkte Übertragbarkeit des Konzeptansatzes in Beteiligung Deutschlands auf andere Regionen nicht möglich. Die Schweiz dagegen könnte die Überlegungen auf sämtliche Grenzsituationen anwenden.
Ist ein großer Teil der aufgeführten Merkmale in einer Region gegeben, ist eine Übertragung sicherlich in Teilen möglich. Es gilt abzuwägen, welche Aspekte für eine Region wichtig sind und hinzugefügt werden müssen und welche weg gelassen werde können. Ich verweise hier auf die Sozialraumanalyse.

10 Perspektiven der Grenzüberschreitenden Offenen Jugendarbeit

In meinen Recherchen stellte ich fest, dass eine grenzüberschreitende Zusammenarbeit von Körperschaften aus Deutschland und der Schweiz in erster Linie für die Jugendlichen ein Zugewinn an Lebensqualität darstellen kann. Das Interesse von Jugendlichen, JugendarbeiterInnen und politischen Gremien an Kooperation ist gegeben. Die von mir untersuchten Rahmenbedingungen sind trotz aller auftauchenden Probleme günstig und können noch verbessert werden[201] Schon gemachte Erfahrungen von Praktikern sind grundsätzlich positiv und können für neue Projekte heran gezogen werden. Finanziell kann eine grenzüberschreitende Kooperation Gemeinden entlasten. Dazu stellen die Länder und die EU Gelder zur Verfügung.

Nun steht nur noch die Entscheidung der Gemeinden aus, ob projekthaft gearbeitet, Grenzüberschreitende Offene Jugendarbeit dauerhaft eingerichtet oder als erster Schritt bestehende Einrichtungen für deutsche und Schweizer Jugendliche geöffnet werden soll.

Da Grenzüberschreitende Zusammenarbeit auch in anderen Lebensbereichen gefördert wird, wird auf lange Sicht der Kontakt zum Nachbarland für alle Menschen am Hochrhein zur Normalität. Man lebt, arbeitet und verbringt seine Freizeit in der Hochrheinregion, die aus deutschen und Schweizer Teilen bestehen, so wie das Interreg III-Projekt (Kapitel 8.1.3) es vorsieht. Werden diese Ziele erreicht, kommen die Menschen weg vom „begrenzten“ Denken hin zum Abbau von Vorurteilen, zum Leben von Toleranz und gehen einen Schritt in Richtung des friedlichen Zusammenlebens in Europa.

[201] vgl. zum Beispiel Unklarheiten in 4.4.4 Zollbestimmungen

11 Grenzen

An seine Grenzen werden meine Überlegungen stoßen, wo Misstrauen zwischen den Menschen, die kooperieren wollen, nicht überbrückt werden kann. Sei dies nun im zwischenmenschlichen oder im finanziellen Bereich.

Grenzüberschreitende Offene Jugendarbeit, bei der sich verschiedene Kulturen nicht aufeinander einlassen möchten, sehe ich als gescheitert. Es erscheint nicht sinnvoll, der Gelder wegen ein grenzüberschreitendes Projekt zu organisieren, in dem das Kennenlernen des Fremden nicht im Vordergrund steht.

12 Schlussbemerkungen

Nach monatelanger Recherche freue ich mich endlich, meine Überlegungen zu Papier gebracht zu haben. Menschen, die sich mit der Thematik schon beschäftigt haben, werden die ein oder andere Auslassung von Aspekten bemerken. Dazu möchte ich bemerken, dass die vorliegende Studie aus meiner persönlichen Erfahrung heraus in meinen beiden Studienpraktika im Landkreis Waldshut auf deutscher und bei der Stadt Baden auf Schweizer Seite entstand. Ich wurde hier auf Unterschiede der beiden Länder aufmerksam, aber auch auf gemeinsame Problematiken. Meine subjektiven Schwerpunkte, die ich in dieser Arbeit dargelegt habe, können und sollen von PraktikerInnen für ihre Arbeit und Situation vor Ort ergänzt werden. Somit hoffe ich, eine Grundlage geschaffen zu haben für weitere Kooperationen im Bereich der Offenen Jugendarbeit am Hochrhein.

13 Literaturverzeichnis

AGJF Baden-Württemberg e.V. (Hrsg.) (2003): *Qualitätsentwicklung in der offenen und verbandlichen Kinder- und Jugendarbeit – Eine Arbeitshilfe*, Verlag Burkhard Fehrlen, Leinfelden

AGJF Baden-Württemberg e.V. (Hrsg.) (2003): *Topographie der offenen Jugendarbeit in Baden-Württemberg*, Verlag Burkhard Fehrlen, Leinfelden

Auernheimer, Georg (1996): *Einführung in die Interkulturelle Erziehung*, 2., überarbeitete Auflage, Primus Verlag, Darmstadt

Auernheimer, Georg (2003): *Einführung in die Interkulturelle Pädagogik,* 3., neu bearbeitete und erweiterte Auflage, Wissenschaftliche Buchgesellschaft, Darmstadt

Blinkert, Baldo (2003): *Ressourcen und Praxis von Jugendlichen: Freizeit, Gewalt und Drogen – Jugendstudie für den Landkreis Waldshut*, Centaurus Verlag, Herbolzheim

Böhm, Stefan (2004): *Das ist Jugendarbeit (I) und (II)* in Deutsche Jugend, Heft 3 und 4, 2004, 52.Jahrgang

Borelli, Michele (Hrsg.) (1986): *Interkulturelle Pädagogik, Positionen – Kontroversen – Perspektiven*, Pädagogischer Verlag Burgbücherei Schneider, Baltmannsweiler, Reihe Interkulturelle Erziehung in Praxis und Theorie

Brähler, Rainer; Dudek, Peter (Hrsg.) (1992): *Fremde – Heimat: neuer Nationalismus versus interkulturelles Lernen; Probleme politischer Bildungsarbeit*, Verlag für Interkulturelle Kommunikation, Frankfurt am Main

Deinet, Ulrich; Sturzenhecker, Bendikt (Hrsg.) (1998): *Handbuch Offene Jugendarbeit*, Votum-verlag, Münster, 2. Auflage

Deinet, Ulrich (1999): *Sozialräumliche Jugendarbeit, Eine praxisbezogene Anleitung zur Konzeptentwicklung in der Offenen Kinder- und Jugendarbeit*, Leske + Budrich, Opladen

Deinet, Ulrich; Sturzenhecker, Benedikt (Hrsg.) (2001): *Konzepte entwicklen, Anregungen und Arbeitshilfen zur Klärung und Legitimation*, Juventa, Weinheim und München, 2. Auflage

Delmas, Nanine (2004): *Grenzüberschreitende Jugendarbeit zwischen Globalisierung und Regionalisierung*, Referat an der Ersten grenzüberschreitende Fachtagung Jugendarbeit am Hochrhein, 2.3.2004, Waldshut, unveröffentlicht

Deutsche UNESCO-Kommission (1998): *„Lernfähigkeit – unser verborgener Reichtum" – Bildung für das 21. Jahrhundert.*, Luchterhand-Verlag, 2. Auflage, Neuwied

Deutscher Verein (Hrsg.) (2002): *Fachlexikon der sozialen Arbeit*, Kohlhammer, 2002

Eyferth/Otto/Thiersch (Hrsg.) (1984): *Handbuch Sozialarbeit/Sozialpädagogik*, Luchterhand

Gaitanides, Stefan (1994): *Interkulturelles Lernen in der multikulturellen Gesellschaft* in IZA – Informationsdienst zur Ausländerarbeit, Nr.2, S.24-27, Institut für Sozialarbeit und Sozialpädagogik, Frankfurt am Main

Graf, Pedro; Spengler, Maria (2000): *Leitbild- und Konzeptentwicklung*, 3. überarbeitete und erweiterte Auflage, Ziel-Verlag, Augsburg

Hahn, Heinz (Hrsg.) (1999): *Kulturunterschiede, Interdisziplinäre Konzepte z kollektiven Identitäten und Mentalitäten*, Verlag für Interkulturelle Kommunikation, Frankfurt am Main

Hamburger, Franz (1999): *Politik und Pädagogik des Sozialen im Prozeß der europäischen Integration*, in 39. Beiheft Zeitschrift für Pädagogik, S.339ff, Beltz, Weinheim

Landesvermessungsamt Baden-Württemberg (1998): *CD-ROM Baden-Württemberg*, Bundesamt für Kartographie und Geodäsie

Loetscher, Hugo (2000): *äs tischört und plutschins, Über das Unreine der Sprache – eine helvetische Situierung*, Vontobel-Stiftung, Zürich

Lutz, Waldemar; Noe, Hansjjörg; Caspers, Reinhard (1989): *Kennzeichen WT, Heimatkunde für den Landkreis Waldshut*, Verlag Waldemar Lutz, Lörrach und Ernst Klett Verlag

Matter, Prof. Dr. Max : *Menschen in ihren Regionen*, Aufsatz, unveröffentlicht

Migrationsamt Kanton Aargau, Aargauische Indusrie- und Handelskammer, Hochrheinkommission, Amt für Wirtschaft und Arbeit, Zürich, Ausländeramt des Landratsamtes Waldshut, Ausländeramt der Großen Kreisstadt Waldshut-Tiengen, Ausländeramt des Landratsamtes Lörrach, Handwerkskammer Konstanz, Kantonales Arbeitsamt Schaffhausen, Kantonales Arbeitsamt für Industrie, Gewebe und Arbeit, Basel (Hg.) (2002): *Leitfaden zur Personenfreizügigkeit – Wohnen und Arbeiten in der Schweiz und in Deutschland*, 2002

Otto, Hans-Uwe; Thiersch, Hans (Hrsg.) (2001): *Handbuch Sozialarbeit/Sozialpädagogik*, Luchterhand, 2. Auflage

Pommerin, Gabriele (1984): *Migrantenliteratur und ihre Bedeutung für die interkulturlle Erziehung*, in Zielsprache Deutsch, H.3, S.41ff., Stauffenburg Verlag, Tübingen

Probst-Effah, Gisela (1988): *Anmerkungen zur Dialektrenaissance der siebziger Jahre*, Aufsatz in Günther Noll/Wilhelm Schepping (Hrsg.): Musikalische

Volkskultur in der Stadt der Gegenwart. Tagungsbericht Köln 1988 der Kommission für Lied-, Musik- und Tanzforschung in der Deutschen Gesellschaft für Volkskunde e.V., Hannover: Metzler 1992 (=Musikalische Volkskunde – Materialien und Analysen BD.X), S.135-142

Puhl, Ria; Maas, Udo (Hrsg.) (1997): *Soziale Arbeit in Europa - Organisationsstrukturen, Arbeitsfelder und Methoden im Vergleich*, Juventa, Grundlagentexte Soziale Berufe, Weinheim und München

Rössler, Prof. Dr. Dr. Hellmuth (1965): *Deutsche Geschichte*, Bertelsmann Verlag, Gütersloh

Santos-Stubbe, Prof. Dr. Chirley (2002): *Script zur Vorlesung Interkulturelle Pädagogik*, SS 20002, unveröffentlicht

Scheuch, Manfred (2000): *Historischer Atlas Deutschland*, Weltbild Verlag GmbH, Augsburg

Schib, Karl; Krummer-Schroth, Ingeborg (1967): *Land am Hochrhein*, Jan Thorbecke Verlag, Konstanz - Lindau – Stuttgart

Schmidt-Abels, Georg (Hrsg.) (1991): *Grenzüberschreitungen am Hochrhein*, Kehrer Verlag KG, Freiburg i. Br.

Schweickert, Alexander (Hrsg.) (1992): *Südbaden*, Kohlhammer GmbH in V. m. Landeszentrale für politische Bildung Baden-Württemberg, Stuttgart

Studium generale der Johannes Gutenberg-Universität Mainz (1998): *Interkulturalität – Grundprobleme der Kulturbegegnung*, Universität Mainz

Theiss, Dr. Konrad; Schleuning, Hans (1975): *Der Landkreis Waldshut*, Konrad Theiss Verlag GmbH, Stuttgart

von Spiegel, Hiltrud (Hg.) (2000): *Jugendarbeit mit Erfolg, Arbeitshilfen und Erfahrungsberichte zur Qualitätsentwicklung und Selbstevaluation;* ein Modellprojekt des Landschaftsverbandes Westfalen-Lippe-Landesjugendamt, Westfälische Schulen, Votum, Münster

Weckerle, Christoph (1998): *Die Kulturpräsenz der Schweiz im Ausland*; in Georg Kreis (Hrsg.): Kulturpräsenz im Ausland, Basler Schriften zur europäischen Integration, Nr.39, Europainstitut der Unibersität Basel

Wierlacher, Alois; Stötzel, Georg (Hrsg.) (1996): *Blickwinkel*, Publikationen Der Gesellschaft für interkulturelle Germanistik 5, iudicum Verlag, München

Legende

blaue Linie -	Rhein
rote Linie -	Landesgrenze D/CH
blaue Rechtecke -	Einrichtungen der Offenen Jugendarbeit
orange Kreise	grenznahe deutsche Ortsteile
gelbe Balken	Grenzübergang (Fußweg)
grüne Balken	Grenzübergang (Straße)
schwarze Linien	Gemeindegrenzen

Deutsche Gemeinden:

1 Wehr
2 Bad Säckingen
3 Murg
4 Laufenburg (Baden)
5 Albbruck
6 Dogern
7 Waldshut-Tiengen
8 Küssaberg
9 Hohentengen
10 Klettgau
11 Dettighofen
12 Jestetten
13 Lottstetten
14 Eggingen
15 Stühlingen

Schweizer Gemeinden:

16 Möhlin
17 Wallbach
18 Mumpf
19 Stein
20 Sisseln
21 Kaisten
22 Laufenburg (Aargau)
23 Sulz
24 Etzgen
25 Schwaderloch
26 Wil (AG)
27 Leibstadt
28 Full-Reuenthal
29 Koblenz
30 Rietheim
31 Zurzach
32 Rekingen
33 Mellikon
34 Rümikon
35 Fisibach
36 Kaiserstuhl
37 Weiach
38 Wasterkingen
39 Hüntwangen
40 Will (ZH)
41 Rafz
42 Rheinau
43 Dachsen
44 Neuhausen
45 Guntmadingen
46 Neunkirch
47 Osterfingen
48 Wilchingen
49 Trasadingen
50 Hallau
51 Oberhallau
52 Schleitheim

Abonnement

Hiermit abonniere ich die Reihe **Qualität und Qualitätssicherung in der Sozialen Arbeit (ISSN 1614-4759),** herausgegeben von Rolf Ebeling,

❒ ab Band # 1

❒ ab Band # ___

❒ Außerdem bestelle ich folgende der bereits erschienenen Bände:

#___, ___, ___, ___, ___, ___, ___, ___, ___, ___, ___, ___

❒ ab der nächsten Neuerscheinung

❒ Außerdem bestelle ich folgende der bereits erschienenen Bände:

#___, ___, ___, ___, ___, ___, ___, ___, ___, ___, ___, ___

❒ 1 Ausgabe pro Band ODER ❒ ___ Ausgaben pro Band

Bitte senden Sie meine Bücher zur versandkostenfreien Lieferung innerhalb Deutschlands an folgende Anschrift:

Vorname, Name: ______________________________

Straße, Hausnr.: ______________________________

PLZ, Ort: ______________________________

Tel. (für Rückfragen): ______________ *Datum, Unterschrift:* ______________

Zahlungsart

❒ *ich möchte per Rechnung zahlen*

❒ *ich möchte per Lastschrift zahlen*

bei Zahlung per Lastschrift bitte ausfüllen:

Kontoinhaber: ______________________________

Kreditinstitut: ______________________________

Kontonummer: ______________ Bankleitzahl: ______________

Hiermit ermächtige ich jederzeit widerruflich den *ibidem*-Verlag, die fälligen Zahlungen für mein Abonnement der Reihe **Qualität und Qualitätssicherung in der Sozialen Arbeit** von meinem oben genannten Konto per Lastschrift abzubuchen.

Datum, Unterschrift: ______________________________

Abonnementformular entweder **per Fax** senden an: **0511 / 262 2201** oder 0711 / 800 1889 oder als **Brief** an: *ibidem*-Verlag, Julius-Leber Weg 11, 30459 Hannover oder als **e-mail** an: **ibidem@ibidem-verlag.de**

ibidem-Verlag
Melchiorstr. 15
D-70439 Stuttgart

info@ibidem-verlag.de

www.ibidem-verlag.de
www.edition-noema.de
www.autorenbetreuung.de

Zeitfracht Medien GmbH
Ferdinand-Jühlke-Straße 7
99095 Erfurt, Deutschland
produktsicherheit@kolibri360.de